Oscar narrativa

Bibli[o...]

1) Savinio Osca, Le Vite
2) cfr p. 11
3) Michele Grammatica
4) p. 100   Serem
5) p. 203

Piero Chiara

Di casa in casa, la vita

30 racconti

Introduzione
di Carlo Fruttero e Franco Lucentini

Prefazione
di Giovanni Tesio

Arnoldo
Mondadori
Editore

© 1988 Arnoldo Mondadori Editore S.p.A., Milano

I edizione Scrittori italiani e stranieri aprile 1988
I edizione Oscar narrativa marzo 1990

ISBN 88-04-33148-8

Questo volume è stato stampato
presso Arnoldo Mondadori Editore S.p.A.
Stabilimento Nuova Stampa - Cles (TN)
Stampato in Italia - Printed in Italy

Ristampe:

1 2 3 4 5 6 7 8 9 10 11 12

1991 1992 1993 1994 1995 1996 1997

Prefazione
di Giovanni Tesio

Statura di narratore

L'ultimo libro, uscito postumo, a cui Piero Chiara abbia messo mano è il romanzo *Saluti notturni dal Passo della Cisa* (1987). Poi, l'anno dopo, un altro libro, questa volta di racconti, è uscito a cura di Carlo Fruttero e Franco Lucentini, *Di casa in casa, la vita*. Nell'introduzione intitolata *L'orologio del Finetti*, i due scrittori hanno delineato con garbo affettuoso e franca ammirazione l'accurato dosaggio dei libri che Chiara traeva via via dal cassetto, l'esatta confezione delle raccolte messe insieme con «racconti e raccontini, memorie e fantasie, note storiche e letterarie, cronache e pezzi di colore». Forse il solo *Capostazione di Casalino e altri 15 racconti* fa, in questo senso, almeno un poco di eccezione.

Per tutte le altre raccolte l'omologia stabilita da Fruttero e Lucentini tra Chiara scrittore e uno qualunque «dei suoi piccoli commercianti, al banco di qualche negozio luinese o in giro nei dintorni con un carrettino, mentre pesa al cliente un equo assortimento dei suoi articoli,» potrà apparire impertinente solo a qualche devoto *emunctae naris*, poiché è semplicemente e pacificamente onesta: «Ecco a lei: una dozzina di storie di prima scelta, ben mature e del taglio giusto. Altre dodici meno regolari e proporzionate a prima vista, ma non meno sugose: delle brutte e delle buone per così dire. Poi una manciata di queste storielle piccole ma saporite. Poi anche qualcuna un po' verde e con qualche leggera ammaccatura, per forza, se no a me cosa resta? Mentre questi articoli che non sono queste storie, con una noterella sul Piccio e un paio di recensioni, guardi, gliele metto per buona misura. Va bene?». È poi lo stesso criterio con cui Federico Roncoroni ha allestito per Studio Tesi, lo stesso anno di *Di casa in casa, la vita*, il libro appena successivo *Gli anni e i giorni*; e ancora, nel 1989, i *Tre racconti* inediti, per le edizioni monregalesi di Boetti & C., e, per la Mondadori, lo zibaldone di pensieri e aneddoti *Sale e tabacchi*.

Nella bottega di Chiara anche i trucioli, i ritagli, gli sfridi possono costituire piccoli embrioni di storie nuove. Nella periferia estrema e nella frastagliata frontiera dei romanzi e dei racconti, nei frammenti anche minimi degli scritti resiste un avanzo di vigore pronto a offrirsi. Nulla è mai veramente perduto, come nelle ricette della cucina più povera e previdente. Ma non è, tuttavia, pura e semplice attitudine di buon massaio.

L'atteggiamento investe problemi di più profonda strategia costruttiva. Qual è il criterio che presiede all'elaborazione della cosa minima? Come accade che essa si accresca al di là dei calcoli? Perché il brandello diventa racconto e il racconto romanzo? Forse nient'altro che il mestiere. Anche per Chiara, come per il pur incomparabile James dei *Taccuini*, vale la segreta, individuale ed esperta normativa che consente di cogliere a occhio la differenza tra l'aneddotico e il foriero di sviluppi, tra la storia che può essere trattata come un singolo episodio e il tema che va necessariamente alimentato. Nient'altro, insomma, che un'abilità fabbrile e pragmatica, fatta di scatto intuitivo e di stima di convenienza.

Sarebbe forse vergognoso? A sentire certi critici parrebbe di sì. Lo "scrivere male" di Chiara (in realtà è un andar dietro più alla storia che alle angosce dello stile, il quale è davvero dettato dalla concrezione dei fatti), la disinvoltura narrativa delle sue parabole possono aver indotto al sospetto, possono avere alimentato una diffidenza sordastra. Al grande formato, ebbe a scrivere una volta Giacomo Debenedetti per Pascoli, in un saggio intitolato *Statura di poeta*, si può anche tendere per accumulazione. Non altrimenti è nato il primo romanzo di Chiara, *Il piatto piange*.

Sulle ragioni del narrare Chiara è intervenuto più volte e qui, in *Di casa in casa, la vita*, si trovano come altrove le tracce di una lunga anche se non mai coordinata meditazione: «far rivivere i fatti, i luoghi, le persone che mi andavano apparendo nella mente e che trattenevo con gioia il tempo necessario per fissarli sulla pagina, nella quale prendevano un nuovo aspetto, più gradevole di quello vero». Fermare il fiato della vita fino all'ultimo e offrirne il tremito d'ombra e di luce. Patire il senso di una nuova solitudine, non diversa da quella un po' randagia di un'adolescenza senza arte né parte: «la solitudine del narratore, sospeso tra la vita e il sogno della vita, come il ragno al filo della sua tela». Mantenere la grana della voce, in palinsesti di un antichissimo rito: «Ho scritto per avere intorno qualcuno, come quando raccontavo a voce in un piccolo cerchio di amici e anche per capire me stesso e il mondo nel quale vivevo». Far conto dell'uomo sotto ogni aspetto, indagarne le fattezze «sotto le diverse maschere cui ricorre per adattarsi ai tempi e alle situazioni». Rispondere, infine, a una pulsione oscura, ma urgente come un bisogno primario.

In un ritratto dell'ultimo Comisso (raccolto in *Gli anni e i giorni*) Chiara non a caso riflette sul senso di un'operazione che Comisso sta compiendo e che a lui pare folle come un gesto di annientamento: la rilettura e la correzione sistematica di tutti i romanzi in vista di un'edizione definitiva. Per Chiara un'operazione del genere non si dà e, a proposito dei romanzi suoi (ma si potrebbe tranquillamente estendere ai racconti), scrive: «Se li rileggessi scoprirei certamente delle incongruenze, delle ripetizioni, delle espressioni inesatte. Ma in quelle pagine c'è la mia vita, quasi tutta, o meglio ciò che per me ha contato di più: la mia vita a larghi frammenti, come me la sono raccontata recuperandola dal fondo della memoria e fissandola meglio che potevo sulla pagina». Poi confessa: «È stato, in fondo, come vivere una seconda volta tra errori e incertezze, simili a quelli della prima volta. Correggere, aggiungere o togliere, mi sembrerebbe vano e disdicevole, quasi un tentativo di vivere una terza volta, che sarebbe troppo».

Chiara avverte nell'operazione una sfida inutile. Nelle pagine scritte c'è la vita già una volta inventata. Inventarla due volte, più ancora che eccessivo, sarebbe falso. Ripassare l'opera di una vita è come visitare una casa che sia la vita stessa. E viene in mente, con tutte le cautele del caso, il racconto di Savinio *Casa "La Vita"*: sia per una qualche assonanza del titolo, sia per una qualche consonanza atmosferica e ambientale. Il protagonista del racconto di Savinio, Aniceto, si muove infatti sulle rotte del Lago Maggiore, s'imbarca ad Arona sul *Verba-*

no e non manca di leggere nell'agitazione dei motori e nel «balzare ferino di masse d'acciaio» un simbolo, appunto, della vita. Proprio come nella precoce intuizione dell'auto-personaggio che Chiara viene costruendo nei suoi racconti, il quale legge nel movimento delle macchine le linee di una vita inquieta, incostante e come sbadata, percorsa da aspirazioni contrarie e da continue oscillazioni. Beninteso, non si tratta qui di istituire un rapporto improbabile (ma non impossibile) Chiara-Savinio, ma soltanto di indicare una curiosa coincidenza. Aniceto compie nella casa illuminata e deserta una visita assai prossima a quella che Chiara rifiuta di compiere dentro la sua opera. Nulla può più essere spostato perché tutto vive in un percorso di ricordi e sbocca, senza soluzione di continuità, nel mare dell'eterno.

L'invenzione del personaggio attraverso cui Chiara racconta e si racconta risale molto all'indietro, anche se per comodità specifica si può restare alla grande *ouverture* della prima raccolta di racconti, *L'uovo al cianuro*, intitolata *Sulle onde del Lago Maggiore*. Il viaggio che si apre come un'enorme metafora costituisce lo scenario di un mondo intero ed è vissuto dal di dentro di un io-ragazzo, che contiene *in nuce* le caratteristiche dell'io-adulto e in primo luogo la vocazione al fantastico: «Nulla mi interessava di più, ad esempio, di certe fisionomie di preti nelle quali leggevo la storia di lunghe penitenze, di faticose vocazioni, di difficili studi o anche soltanto, come su quella del chierico Frigerio, la dura pazienza di un asino che sopporta tutto, in cambio della certezza di trovar pronto ogni giorno pranzo e cena. M'interessava il paesaggio: una grotta che, già miope, decifravo a stento di là del lago dentro lo strapiombo calcareo della rocca d'Angera, o la rupe che sovrasta il borgo di Arona, con le rovine del castello dov'è nato San Carlo Borromeo. Stavo sempre col capo alzato verso le finestre, a scuola o nello "studio", senza disturbare nessuno».

Una natura fantastica e meditativa, timida e indisciplinabile, precocemente avventurata su un lago che chiude, e proprio per questo apre, ogni prospettiva. La curiosità attendista di un ragazzo attratto più che dai libri di scuola e da un *cursus* onorevole, dagli aspetti mutevoli e misteriosi della realtà, dalle arrese tentazioni del gioco e delle donne. Nei suoi racconti Chiara esce quasi sempre allo scoperto, la sua "morale" non scaturisce soltanto dalla macchina dei fatti, ma si dichiara apertamente, si esprime senza possibilità di equivoco. E tuttavia si tratta di una morale che subisce variazioni, si tinge a volte di una tristezza improvvisa, si incrina e piega ai risvolti, mostra insomma la sua doppiezza, il segno ambiguo delle cose, il doppio fondo della vita.

La topografia sentimentale di Luino è la mappa del mondo intero: «Tutto è accaduto in quel paese, perché tutto è accaduto in me». La geografia dei dintorni è disegnata in una carta esile e indifesa, le piste recondite svelano un grumo di tristezza non medicabile, invitano imperativamente a testimoniare, spingono a inseguimenti ultimi: «Solo dopo di me taceranno per sempre, quando li inseguirò, quando li raggiungerò nei loro nascondigli». E lo scrittore può persino essere attratto dalla poesia degli inizi, dal regno del silenzio siderale, assoluto, nel quale si sente il fruscio delle stelle più lontane, «l'eco dello scoppio iniziale, che ancora tuona, dopo diciotto milioni di anni, dai confini dell'universo». Una cosmologia occasionale e, così estrapolata, forse pretestuosa, ma, se lo si può dire, molto commovente.

Libri come *Di casa in casa, la vita*, o anche *Gli anni e i giorni* già citato, giocano in fondo la stessa partita che Chiara ha sempre giocato, ma la spingono a più evidenti contrasti. Percorrono un itinerario completo, dagli impasti tardo-rondeschi di *Itinerario svizzero* o, già più consapevolmente narrativi, di *Dolore del tempo*, alla velocità tempista e tutta di cose del parabolano accorto, che avvolge il lettore in una bava di sfumature e di effetti marginali per poi trarne il colpo di scena. Così come accade nelle storie che hanno struttura concentrata e compatta, priva di zeppe, e che danno effetti a volte cangianti e misteriosi, a volte vivacemente comici. Si veda qui, per tutte, la storia della figura del fascistissimo don Besta, «spiritato e irritabile come un serpente», stupendamente risolta in quello scorcio di veste che fa nei frequenti voli «da vela e da paracadute».

L'incontro con la morte è quasi più esplicito che altrove. Se metto insieme *Di casa in casa, la vita* e *Gli anni e i giorni* – frutti di una stessa pianta e compagni di uno stesso viaggio testuale – è perché si tratta di un dittico. Fruttero e Lucentini hanno composto la prima tavola con occhio più ilare, Roncoroni ha rispettato la trama di un più sottile avviso di morte: l'ultima «citazione» per dirla con l'espressione curiale e cancelleresca di Chiara. Anche nei ritratti degli amici e nelle voci rimemorate si rimpiatta il rintocco che tutti chiama a smettere «il gioco del fare e dell'esistere». Penso inoltre ai vicoli e alle muffe, alle case abitate e ai titoli stessi, da cui viene un vago senso di vita fuggitiva.

Chiara non dimentica certo che una storia è un luogo

di delizie e un giardino incantato. Che per un narratore autentico come lui è l'unico modo di tenere la morte lontana, anche se tra morte e vita non c'è vero confine. Il sogno, le profezie, le fantasie dei poeti e degli artisti – lo scrittore insegna senza pedanteria – sono soltanto le tracce di un'esilissima frontiera, la dimostrazione più o meno indiretta della golosa apparenza del mondo. Un'illusione piena di storie da narrare.

Giovanni Tesio

Nota bibliografica

Opere di Piero Chiara

A parte le poesie di *Incantavi* (Lugano, Edizioni di Poschiavo, 1945), l'opera di Chiara comprende saggi, traduzioni, commenti, cura di libri d'arte, di antologie e di opere varie. Ma soprattutto racconti e romanzi, ai quali ci limitiamo in questa sede: *Itinerario svizzero* (prose), Lugano, Edizioni del «Giornale del Popolo», 1950; *Dolore del tempo* (prose e racconti), Padova, Rebellato, 1959; *Il piatto piange* (romanzo), Milano, Mondadori, 1962; *Mi fo coragio da me* (prose), Milano, All'insegna del pesce d'oro, 1963; *La spartizione* (romanzo), Milano, Mondadori, 1964; *Con la faccia per terra e altre storie* (racconti e prose), Firenze, Vallecchi, 1965; *Il balordo* (romanzo) Milano, Mondadori, 1967; *L'uovo al cianuro e altre storie* (racconti), Milano, Mondadori, 1969; *I giovedì della signora Giulia* (romanzo), Milano, Mondadori, 1970; *Il pretore di Cuvio* (romanzo), Milano, Mondadori, 1973; *Sotto la Sua mano* (racconti), Milano, Mondadori, 1974; *La stanza del Vescovo* (romanzo), Milano, Mondadori, 1976; *Le corna del diavolo* (racconti), Milano, Mondadori, 1977; *Il cappotto di astrakan* (romanzo), Milano, Mondadori, 1978; *Una spina nel cuore* (romanzo), Milano, Mondadori, 1979; *Le avventure di Pierino al mercato di Luino* (racconti), Milano, Mondadori, 1980; *Vedrò Singapore?* (romanzo), Milano, Mondadori, 1981; *Helvetia, salve!* (racconti e prose), Bellinzona, Casagrande, 1981; *Viva Migliavacca! e altri 12 racconti* (racconti), Milano, Mondadori, 1982; *40 storie di Piero Chiara negli elzeviri del «Corriere»*, Milano, Mondadori, 1983; *Il capostazione di Casalino e altri 15 racconti* (racconti), Milano, Mondadori, 1986; *Saluti notturni dal Passo della Cisa* (romanzo), Milano, Mondadori, 1987; *Pierino non farne più!* (racconti), Milano, Mondadori, 1987; *Di casa in casa, la vita. 30 racconti*, Milano, Mondadori, 1988; *Fatti e misfatti* (racconti), Milano, Mondadori, 1988; *Gli anni e i giorni* (racconti), Pordenone, Studio Tesi, 1988; *Tre racconti*, Mondovì, Boetti & C. Editori, 1989; *Sale e tabacchi* (zibaldone di appunti), Milano, Mondadori, 1989.

Un'antologia di racconti di Chiara è stata allestita e annotata da Federico Roncoroni con il titolo *Ora ti conto un fatto* (Milano, Mondadori, 1980). Sempre Roncoroni ha pubblicato *Il meglio dei racconti di Piero Chiara* (Milano, Oscar Mondadori, 1989).

Bibliografia critica

Numerose le edizioni negli Oscar Mondadori, importanti perché introdotte da proposte di lettura meno episodiche di quanto sia dato di solito riscontrare nelle recensioni. Esse sono: *Il piatto piange* (Introduzione di Mario Bonfantini), 1968; *Il balordo* (Luigi Baldacci), 1972; *La spartizione* (Carlo Bo), 1973; *L'uovo al cianuro e altre storie* (L. Baldacci), 1974; *Il pretore di Cuvio* (Enrico Ghidetti), 1976; *La stanza del Vescovo* (Giancarlo Vigorelli), 1977; *Con la faccia per terra e altre storie* (Geno Pampaloni), 1978; *Tre racconti* (Claudio Marabini), 1979; *Le corna del diavolo* (Giansiro Ferrata), 1979; *Il cappotto di astrakan* (Marco Forti), 1980; *Vedrò Singapore?* (Giovanni Tesio), 1983; *Viva Migliavacca! e altri 12 racconti* (Giuseppe Amoroso), 1984; *Il capostazione di Casalino e altri 15 racconti* (G. Tesio), 1988; *Saluti notturni dal Passo della Cisa* (G. Tesio), 1989.

Tra i saggi e gli studi si possono segnalare: V. Bramanti, *"I ladri" di Piero Chiara*, «Antologia Viesseux», gennaio-marzo 1968; E. Panareo, *Piero Chiara*, «Il Protagora», n. 69, maggio-giugno 1970; R. Fedi, *Favola e letteratura nella narrativa di Piero Chiara*, «Italianistica», agosto 1976; C. Carena, *Piero Chiara e il suo lago*, «Verbanus», 2, 1980; F. Roncoroni, Introduzione a *Helvetia, salve!*, Bellinzona, Casagrande, 1981. A parte va citata la lettera di N. Gallo a V. Sereni scritta il 4 aprile 1961, che valse a Chiara l'ingresso nella collana del Tornasole (la lettera è ora raccolta in *Scritti letterari di N. Gallo*, a cura di O. Cecchi, C. Garboli, G.C. Roscioni, Milano, Il Polifilo, 1975).

Per una lettura critica complessiva dell'opera di Chiara, si rinvia a F. Ghidetti, *Invito alla lettura di Chiara*, Milano, Mursia, 1977 (arriva a *La stanza del Vescovo*) e a G. Tesio, *Chiara*, Firenze, La Nuova Italia, 1982 (arriva a *Viva Migliavacca! e altri 12 racconti*, con ampia bibliografia delle recensioni segnalate libro per libro). Giova qui integrare la bibliografia con le principali recensioni apparse in seguito alla pubblicazione delle ultime opere. Per *Il capostazione di Casalino*: G. Servello, «Il Giorno», 15 febbraio 1986; S. Artom, «Il Giornale», 6 marzo 1986; G. Spagnoletti, «Il Tempo», 4 aprile 1986; C. Marabini, «Il Messaggero», 7 aprile 1986. Per *Saluti notturni dal Passo della Cisa*: G. Nascimbeni, «Corriere della Sera», 28 gennaio 1987; C. Marabini, «Tuttolibri», 31 gennaio 1987; C. Sgorlon, «Il resto del Carlino», 7 febbraio 1987; R. Crovi, «Il Giorno», 15 febbraio 1987; L. Testaferrata e G. Soavi, «Il Giornale», 1º marzo 1987. Per *Di casa in casa, la vita* (con Introduzione di C. Fruttero e F. Lucentini): G. Nascimbeni, «Corriere della Sera», 8 maggio 1988; M. Lodi, «La Prealpina», 11 giugno 1988; F. Portinari, «Tuttolibri», 11 giugno 1988; G. Bonura, «Avvenire», 11 giugno 1988; G. Amoroso, «La Gazzetta del Sud», 21 giugno 1988. Per *Sale e tabacchi*: F. Fagioli, «Il Giornale», 12 novembre 1989.

G.T.

Introduzione
di Carlo Fruttero e Franco Lucentini

L'orologio del Finetti

Mai ripubblicati finora salvo il primo (che serve qui di proemio) e rimasti sparsi in quotidiani, settimanali, riviste, almanacchi, notiziari perfino aziendali, questi trenta racconti si sono ordinati in volume praticamente da sé: secondo un filo cronologico che non è quello della loro stesura o prima pubblicazione, ma degli anni e della vita che "di casa in casa", di paese in paese, sfilano e vi si rispecchiano.

E così anche è venuto a iscriversi da sé, sul frontespizio della raccolta, il titolo bellissimo delle pagine finali, che struggentemente la chiudono su queste righe di congedo:

Di casa in casa ho trascinato dietro di me gli anni, come un pazzerello o un bambino che si tira dietro, attaccati a una corda, barattoli e scatole vuote. Gli anni: gl'"irrevocabili anni / del caro viver mio", col loro rumore di cose infrante, di voci che si accavallano.

Infine non solo il "montaggio", la strutturazione del volume, ma la scelta stessa dei pezzi che lo compongono (e che, come data di prima pubblicazione, vanno dal lontano 1952 al 1986) può dirsi propria-

mente di mano dell'Autore. E vediamo di spiegare perché.

Piero Chiara era persona interiormente appartata e dimessa, uomo inoffensivo se mai ve ne furono. Come quel "Pietro" d'un suo racconto, che dietro i vetri della finestra non si stancava di ascoltare e guardar cadere la pioggia,

aveva presente di continuo la sua condizione di vivente effettivo, e la considerava una fortuna particolare. Purtroppo, e questa poteva essere una sua debolezza, era di quegli uomini che ritengono un privilegio immeritato l'esistere. Se vi sono persone al mondo tanto discrete da temere sempre d'occupare il posto altrui, di dar fastidio, d'ingombrare e d'essere quasi di peso alla terra, lui era di quelle. Ma non gli dispiaceva, perché solo così gli appariva interessante il vivere.

Quando tuttavia si staccava dai vetri per – come scrive – "penetrare nel deposito della memoria o passare nel laboratorio dell'immaginazione", è da credere che il timore d'essere di peso alla terra lo abbandonasse; e che, nel suo laboratorio o deposito, non si sentisse diverso da quei piccoli commercianti o artigiani, spesso semi-ambulanti, da lui tante volte descritti al banco dei loro negozietti o pazientemente al lavoro in fondo ai loro "portoni, bugigattoli, piccoli antri" in Via dei Mercanti a Luino o negli altri paesi intorno al lago.

Questa professionale umiltà che traspare dovunque nelle sue storie – dalle più semplici, brevi e per così dire "economiche" alle più elaborate e complesse – fa tutt'uno col suo genio morale e poetico. E di lì, da quest'assenza, in un narratore nato, di ogni vanità o sfoggio letterario, nasce senza dubbio il suo incanto per una cerchia così ampia di lettori. Lì ha radice quello speciale "equilibrio creativo" che lo distingue e anzi "lo isola – a giudizio del più percettivo dei suoi critici – dagli altri scrittori di primo piano del nostro Novecento".

Torniamo ora ai "pezzi" qui riuniti, di cui abbiamo già detto che vanno dal '52 all'86. Sia la loro scelta che il loro "montaggio" possono propriamente considerarsi di mano dell'Autore, abbiamo anche detto. E questo benché, certo, siamo stati noi a confezionare materialmente il volume, con materiale mai ripubblicato da lui stesso nelle raccolte precedenti.

Ma lui come le confezionava, le sue raccolte? Tra i racconti e raccontini, memorie e fantasie, note storiche e letterarie, cronache e pezzi di colore che, dopo il loro primo effimero impiego, veniva accuratamente riponendo nella sua scrivania: quali riutilizzava? quali lasciava da parte? con che criterio?

Una volta che glielo chiedemmo a proposito della sua stupenda raccolta dell'83 (40 storie di Piero Chiara negli elzeviri del "Corriere"), ci rispose ammiccando di aver badato soprattutto a una certa "economia di composizione". Col che forse, e anzi senza forse, voleva dire argutamente anche questo: che si guardava dal raccogliere sotto la stessa copertina unicamente dei "pezzi scelti", nel timore di ritrovarsi poi con solo degli "scarti" nei cassetti.

E qui è impossibile non figurarsi Chiara nelle vesti di uno dei suoi piccoli commercianti, al banco di qualche negozietto luinese o in giro nei dintorni con un carrettino, mentre pesa al cliente un equo assortimento dei suoi articoli:

«*Ecco a lei: una dozzina di storie di prima scelta, ben mature e del taglio giusto. Altre dodici meno regolari e proporzionate a prima vista, ma non meno sugose: delle brutte e buone, per così dire. Poi una manciata di queste storielle piccole ma saporite. Poi anche qualcuna un po' verde o con qualche leggera ammaccatura, per forza, se no a me cosa resta? Mentre questi articoli che non sono proprio storie, con una noterella sul Piccio e un paio di recensioni, guardi, gliele metto per buona misura. Va bene?*»

Perché nell'esercizio anche economico delle lettere, Piero Chiara, lo stesso "Pietro" che restava ore dietro i vetri a guardare la pioggia, era tutto il contrario dell'intellettuale realmente o apparentemente con la testa tra le nuvole. Non tenendosi e non essendosi mai tenuto da più di qualsiasi "esercente" per quanto piccolo, neppure credeva di doversi tenere da meno. E pensava che anche questo gli servisse, come scrittore, a mantenersi coi piedi per terra, a contatto con le realtà della vita.

Ne abbiamo trovato una commovente testimonianza nel raccontino "La 501 della Provvidenza", uscito su "L'Automobile" ma non sappiamo precisamente quando, perché nei suoi cassetti il ritaglio non c'era. C'era invece copia del dattiloscritto inviato alla rivista, con in fondo una misteriosa iscrizione

CHRPRN 13O23 E734C

di cui abbiamo addirittura pensato che fosse la targa della "501", prima di capire (e di ricordare qui ai suoi futuri biografi) che si trattava dello stesso Chiara in veste di contribuente e umile schedato fiscale.

Dei suoi volumi "antologici" – dall'Uovo al cianuro *del '69 alle* Corna del diavolo *del '77, da* Viva Migliavacca! *dell'81 alle citate* 40 storie *dell'83 e al* Capostazione di Casalino *dell'86 – c'è però un'altra cosa da dire. E cioè che se non sono mai antologie in senso proprio, vale a dire "florilegi", crestomazie, è anche per il fatto di essere esse stesse dei congegni narrativi. Nei quali, sotto forma di "economia di composizione", ritroviamo lo stesso "equilibrio creativo" dei romanzi e racconti lunghi: con ciascun pezzo attentamente scelto, eventualmente corretto o per meglio dire "riparato", e sapientemente collocato al posto giusto.*

Basta ripassare in Via dei Mercanti, del resto, e osservare (nell'"Orologiaio in vetrina", una delle 40 storie*) Metastasio Finetti mentre ripara un orologio dietro i vetri del suo stambugio, per avere un'idea precisa di questa tecnica:*

I passanti si fermavano spesso a vedere lavorare l'orologiaio, che ogni tanto si aggiustava la lente alzando il sopracciglio, poi tornava a spilluzzicare con le pinzette dentro piattini pieni di rotelle e di viti, che teneva coperti con piccole campane di vetro. Veloce e preciso, carpiva dal piano del tavolino i tronchesini o il martelletto, che mollava subito per passare all'*estrapade* quando gli occorreva collocare una molla nel suo cilindro, oppure alla *potence* se doveva incastrare qualche pietra. L'orologio lo teneva stretto dentro una morsetta dalle ganasce imbottite, oppure nel cavo di una mano, come un uccellino del quale stesse per operare il cuore.

L'esempio non calza interamente, perché qui il Finetti l'orologio lo sta soltanto riparando, non rifacendolo del tutto come il prezioso Rosskopf *(vedi "I segreti d'un orologio") di cui non c'era più che la cassa. Ma mettiamo che il caso del* Rosskopf *fosse venuto ripetendosi: è probabile che i pezzi sotto le campanelle di vetro, a un certo punto, si sarebbero ridotti a quelli bastanti per un orologio solo ma completo.*

Così appunto è accaduto con gli scritti rimasti nei cassetti di Chiara. Ed è per questo che anche la loro scelta può dirsi sua. Noi non abbiamo fatto che separare dagli altri i pezzi narrativi; che nella loro cassa – o sotto la loro copertina, che è lo stesso – si sono poi disposti facilmente da sé. Ci è solo mancata l'abilità di inserire nei punti giusti qualche rubino saggistico, qualche molla non narrativa, come Chiara senza dubbio avrebbe fatto. Ma anche così, ci sembra che l'orologio che ne è venuto fuori sia tra i più belli del Finetti.

Carlo Fruttero
Franco Lucentini

Di casa in casa, la vita

Il mio paese

Quando ero in collegio dai preti al De Filippi di Arona e frequentavo la seconda ginnasiale, il professore d'italiano, don Franceschi, che era nasuto come San Carlo, dava un tema per settimana: "Come passerai le vacanze", "Scrivi una lettera allo zio augurandogli il buon onomastico", "Racconta quale è stato il primo dispiacere che hai dato alla mamma"

Ma un giorno dettò questo tema: "Parlate del vostro paese". Aveva capito che i suoi allievi avrebbero finalmente riversato sulla carta la piena dei loro cuori, spesso attanagliati dalla nostalgia del paese nativo e dell'ambiente famigliare al quale erano stati tolti poco più che infanti.

Per il mio paese, che era distante da Arona quattro o cinque ore di battello e nascosto dai promontori che segnano le contorsioni del Lago Maggiore tra le Alpi e la pianura, spasimavo in segreto fin dal primo giorno di collegio. Mi pareva il più bel paese del mondo, il luogo di tutte le delizie, dove ogni casa, ogni pianta, ogni ciottolo delle rive aveva parole per me. Aspettavo di tornarci nelle brevi vacanze di Natale e di Pasqua e in quelle più lunghe dell'estate, contando come un carcerato i giorni che mi separavano dal rientro.

L'anno prima, liberato dal collegio in ritardo a causa d'una reprimenda che un prefetto aveva pensato di farmi proprio l'ultimo giorno di scuola e un momento prima che partisse il battello per l'alto lago, arrivai di corsa con la mia valigia al pontile quando il *Regina Madre* lentamente se ne staccava. Il capitano mi vide dall'alto del suo ponte, ma oramai il battello stava muovendosi e non era pensabile che per un ragazzetto magari bocciato agli esami, quel padreterno gallonato ordinasse una retromarcia e un nuovo accostamento della fiancata al pontile, con relativo lancio della passerella, anche mezza passerella, come accadeva qualche volta quando un ritardatario arrivava al momento in cui si ritirava il barcarizzo.

Il marinaio che stava arrotolando il cavo d'ormeggio, vedendomi arrivare aprì la bocca in una risata, additandomi ai viaggiatori che stavano in coperta. Guardavo con strazio sfilare l'ultimo battello della giornata, dove erano imbarcati due o tre miei compaesani e compagni di collegio arrivati per tempo. Proprio loro, comparsi a un parapetto, mi fecero segno di gettarmi dal pontile dentro il battello, che sfilando lentamente accostava la parte di poppavia ai piloni di legno dell'imbarcadero. Lanciai la valigia fra i cordami e saltai dentro il battello andando a fermarmi, con un ruzzolone, contro un sedile. Fui subito afferrato per un braccio dal marinaio, che mi portò davanti al capitano a render conto della mia azione.

Per fortuna si trattava del capitano Caccia, amico di mio padre, che da anni mi vedeva andare su e giù col battello da Luino ad Arona.

«Lo lasci qui!» disse al marinaio, con i piccoli occhi azzurri fuori della testa, come se volesse mangiarmi in due bocconi o passarmi in sala di tortura per farmi dare il "gatto a nove code". Ma appena andato via il marinaio mi prese paternamente per la collottola e dandomi uno scrollone disse: «Sei un diavolo, che anche nella vita non perderà mai la corsa!».

Ne persi invece moltissime, ma forse solo quelle che mi avrebbero portato a cattiva destinazione.[1]

Il capitano, sui battelli a ruote del Lago Maggiore era simile più a un portiere d'albergo che a un ufficiale di marina. Stava in alto, sul ponte di comando, dal quale dominava non solo il battello, ma gli imbarcaderi dove il suo bastimento attraccava, le piazze aperte verso il lago e tutta la parte d'ogni borgo che si affacciava alle rive. Il suo compito doveva

---

[1] I tre lunghi paragrafi che seguono – da "Il capitano, sui battelli a ruote..." a "... Società di Navigazione che li aveva creati e in qualche modo inventati" – non figurano nel testo pubblicato sul "Corriere della Sera" del 13 aprile 1978 e ristampato in *40 storie*. Figuravano invece su un testo del 1976 ("I battelli scomparsi", pure uscito sul "Corriere" e ristampato in *40 storie*), da cui Chiara li trasse per inserirli qui quando nel 1979 ripubblicò "Il mio paese" nell'almanacco luinese "La Rotonda". Anche questo è un tipico, felice esempio del suo lavoro di "orologeria poetica"; e anche per questo abbiamo voluto riproporre il racconto nella presente raccolta. (*N.d.R.*)

essere di pura apparenza, perché la manovra era affidata al timoniere e i servizi di sbarco e imbarco ad alcuni *battellotti* comandati da una specie di sottocapo. Tanto che è probabile non avesse alcuna cognizione nautica e fosse del tutto ignaro di bussole, sestanti, longitudini e latitudini, nozioni del resto inutili a chi non compie navigazioni di altura. Il capitano, pur non avendo nulla da fare, era servito da un marinaio che gli stava sempre alle costole, gli portava il pranzo e il caffè dalle cucine e svolgeva funzione di portaordini e alzabandiera. Gli ordini che portava riguardavano, appunto, il caffè e il pranzo.

Affacciato alla plancia di comando, il capitano abbassava lo sguardo sul sottoponte con degnazione, per salutare con un cenno della mano qualche persona d'importanza che saliva a bordo. Ma ad ogni attracco doveva comparire al parapetto col berretto in testa, quando lo squillare dei campanelli interni, il tocco della campana di prua e l'improvviso affievolirsi delle macchine indicavano l'approssimarsi d'un paese: Luino, Laveno, Stresa, Arona o una delle isole Borromee.

L'inverno era duro sui battelli, che dovevano assicurare il trasporto dei passeggeri da una sponda all'altra e lungo le due sponde, quella lombarda e quella piemontese, solo in parte servite dalla ferrovia. Il freddo, le giornate di nebbia, il vento gelido delle Alpi e qualche fortunale, rendevano faticosa la vita dei *battellotti*, ma non quella del capitano, che saliva a bordo di prima mattina già infuso di grappa con un cappotto a doppia fila di bottoni d'oro da maresciallo russo e una sciarpa bianca intorno al collo paonazzo. Così almeno il capitano Caccia, che mi pare riassuma e impersoni la lunga schiera di capitani passati sulle onde del Lago Maggiore e che oramai dormono da chissà quanti anni nel cimitero di Arona, il borgo dal quale venivano quasi tutti e dove stavano di casa, tra un viaggio e l'altro, vicini alla sede della Società di Navigazione che li aveva creati e in qualche modo inventati.

Tornando al professor Franceschi ormai di santa memoria certamente, e al tema che ci aveva dato, ricordo che fui travolto, scrivendo il mio componimento di getto su due o tre fogli doppi, dalla nostalgia per il mio paese lontano e forse, per la prima volta, da un sottile e misterioso piacere: quello di scrivere, di far rivivere i fatti, i luoghi, le persone che mi andavano apparendo nella mente e che trattenevo con gioia il tempo necessario per fissarli sulla pagina, nella quale prendevano un nuovo aspetto, più gradevole di quello vero.

Quando arrivai in fondo al mio lavoro, mi accorsi di aver scritto dieci pagine, nelle quali avevo raccontato la storia del mio balzo sul *Regina Madre* l'anno prima, poi avevo parlato del mio paese descrivendolo compiutamente, con le colline alle spalle, il bel fiume Tresa a lato, nello sfondo la curva aerea del monte Lema e davanti il bel golfo azzurro sempre ravvivato dal vento fresco delle Alpi.

Mi profusi nel decantare la mia casa, nell'antica via dei Mercanti, col suo balcone barocco sopra la doppia scalea di granito rosa della facciata, dissi del piccolo porto dov'ero cresciuto tra le barche con i figli dei barcaioli e dei pescatori, raccontai un'impresa aviatoria che avevo compiuto gettandomi dal tetto di casa con un paracadute improvvisato e tante altre mie vicende legate alle poche strade del vecchio borgo dove ero nato e dove avevo vissuto felicemente fin quando, per i tristi suggerimenti del coadiutore don Alessandro, mia madre si era indotta a chiudermi in collegio.

Il professor don Carlo Franceschi, Carlo come il Santo del quale portava il naso, quando lesse il mio componimento trasecolò. Un asino che era sempre arrivato con fatica alla sufficienza non poteva aver scritto quella specie di poema. Ma era chiaro che non avevo copiato da nessun libro: il compito era stato scritto in classe nel corso di due ore e l'argomento non consentiva interventi altrui.

Mi diede un voto mai toccato a nessuno: dieci. E gliene sono grato ancora oggi, come d'un regalo spropositato che doveva avviarmi molto più tardi ad un'arte che è l'unica, se ci penso, adatta ai miei pochi talenti, quella di raccontare, faticosa ed esigente quant'altre mai, ma anche consolatoria.

Il mio paese, dandomi allo scrivere, divenne lo sfondo di molte delle mie storie. Tutto è accaduto in quel paese, perché tutto è accaduto in me. Guai, scrisse qualcuno, allo scrittore che non ha dietro di sé un territorio preciso, una geografia e addirittura una topografia ben definita, vissuta, nei confronti della quale possa verificare passioni e sentimenti.

Ma è chiaro che un paese o un territorio, usati in tal modo, finiscono col diventare emblematici, che è come dire, almeno nell'aspirazione di chi li elabora in tal modo, universali.

Quel paese che ha ormai da tempo titolo di città, è sempre là, dove è sorto non prima dell'età medievale nonostante qualche tomba romana, ed è rimasto pressappoco quale l'ho trovato nascendo. Intatto o quasi nel suo nucleo antico, benché in questi ultimi anni abbia avuto, come tutti i paesi e le città, il suo sviluppo periferico e qualche manomissione all'interno: palazzi di sei o sette piani innalzati sopra strade secentesche e case d'altra epoca, negozi e *boutiques* disegnati da pretenziosi architetti, terrapieni avanzati nel lago e divenuti pubblici passeggi, posteggi di macchine e spazi per luna-park che i miei occhi sorvolano e non vedono, soffermandosi invece sulle vecchie facciate e talvolta fissandosi a un portone, a un'insegna, a una finestra o a un intonaco non mutato in nulla, come se il tempo fosse ancora quello della mia infanzia.

Così come è, rimarrà per un bel po' di anni e certo per tutti quelli che mi restano da vivere. Di tempo in tempo ci andrò, per misurarmi con lui, per constatare fino a che punto gli sono rimasto fedele, per rendermi conto che è il paese di tanti altri che neppure conosco, e "mio" soltanto nell'immagine che me ne sono fatta, che cerco di conservare in me.

Così volava don Besta

Non c'è forse più nessuno al mondo in grado di ricordare neppure il nome del professore di matematica don Giuseppe Besta, un prete alto un metro e cinquanta, nerastro, magrissimo e in tutto simile a una mosca, che visse e insegnò ad Arona e a Omegna tra il 1920 e il 1930. Di dove fosse non si sapeva, ma forse del Pavese o meglio del Novarese, dov'era tornato prete e professore, dopo essere stato, a quanto si diceva, assistente e prima ancora allievo, nel seminario di Pavia, del cardinale Pietro Maffi, allora famoso professore di filosofia e di scienze naturali, ma anche astronomo di chiara fama.

Ricordava don Besta, nell'esilità del corpo e nella vivezza della mente, quell'altra eccezionale figura di ecclesiastico pavese che fu Cesare Angelini, finissimo letterato e direttore dell'Almo Collegio Borromeo.

Don Giuseppe Besta, inadatto a qualunque funzione sacerdotale, si era dato all'insegnamento e correva a collegi e a scuole statali, sempre spiritato e irritabile come un serpente, ad occupar cattedre e ad insegnare le equazioni, i logaritmi, l'algebra e le altre parti della matematica delle quali era depositario incontrastato in tutta la zona tra il Lago Maggiore e il Lago d'Orta. Veniva quindi, negli anni dei miei pochi studi, anche nel collegio De Filippi di Arona del quale ero convittore, dove aveva incarico della sua materia per il ginnasio e il liceo.

Nonostante fosse nevrotico e secondo alcuni pazzoide, era ritenuto indulgente e tollerante, ma non certo in fatto di disciplina. Che tutti i suoi scolari lo capissero nelle spiegazioni e studiassero, non gliene importava molto. Gli bastava essere seguito dai migliori.

«Chi non vuole fare attenzione, può dormire» diceva «ma guai se uno fa rumore, parla col compagno di banco o mi interrompe in qualunque modo.»

Al minimo disturbo nel corso di una spiegazione poteva infatti lanciare addosso al colpevole un calamaio o anche tutto se stesso, in un balzo dalla cattedra al banco. Una volta, nel punto più delicato d'una sua esposizione, le campane della vicina chiesa dei santi Fedele e Carpoforo si scatenarono improvvisamente per la sagra dei due Martiri. Le finestre dell'aula erano spalancate e lo scampanamento entrò come un colpo di vento nel locale, coprendo la sua voce.

Il Besta, che era sulla predella della cattedra, spiccò un volo vero e proprio, favorito dalla sua leggerezza, verso la più vicina finestra, con le braccia protese in avanti per afferrare i battenti che erano ambati e richiuderli. Ma il suo slancio fu tale che, sfuggitagli la presa delle maniglie, uscì dalla finestra senza neppure toccare il davanzale e scomparve nel vuoto. Per fortuna l'aula era al pianterreno e poco dopo il Besta rientrò dalla porta, un po' confuso e sporco di terra. Era caduto sopra un'aiuola del giardino, senza alcun danno.

Quasi privo di peso e con la veste che gli faceva, nei suoi frequenti voli, da vela e da paracadute, poteva svolazzare a suo piacimento, alzandosi più di un metro da terra e stando in aria per un buon tratto. Il professor Cavanna raccontava di aver assistito, alcuni anni avanti, a un volo di don Besta sulla distanza di almeno otto metri. Il fatto era avvenuto a Omegna dove il Besta, stando di fianco al federale fascista di Novara che teneva la commemorazione del 28 ottobre, si era accorto che un operaio, confuso tra la folla, invece di alzare il braccio nel "saluto al duce" tendeva verso l'alto un pugno chiuso. Dal palco, che era alto un paio di metri, il sacerdote spiccò il volo verso l'uomo dal pugno chiuso, al quale piombò addosso, riuscendo ad afferrargli il polso.

Durante le lezioni il Besta non guardava mai nessuno in particolare, ma sempre verso un punto fuori dalla stanza, oppure dentro di sé, nel luogo dal quale attingeva la sua smisurata conoscenza delle matematiche. Una conoscenza che lo faceva soffrire come un'occlusione e che vinceva sminuzzando il suo sapere, sbriciolandolo in modeste lezioni a figli, come noi, di piccola gente, destinati a diventare impiegati, esercenti o artigiani.

Dai suoi regni longinqui, il Besta, che pareva non mi avesse mai notato, scese un giorno per individuarmi. Si era fermato, nel suo andirivieni continuo da un capo all'altro della classe, di fianco al mio banco. Con le mani affondate nelle tasche della talare mi studiava da capo a piedi. Eravamo alla fine del bimestre e temendo che m'interrogasse sulle frazioni, mi rannicchiai fingendomi morto o almeno inerte.

«Ti va bene un tre per questo trimestre?» mi chiese.

Spalancai gli occhi.

«Allora facciamo quattro» disse prima che mi fosse possibile di articolar parola.

Vedendo che tentavo ancora di aprir bocca, si avviò verso la cattedra gridando: «Va bene, va bene! Ti darò un cinque!».

Gli studenti del collegio De Filippi avevano saputo che il Besta era un fascista fanatico, sempre presente alle sfilate e alle feste patriottiche. Si diceva che fosse stato alla guerra 1915-'18 e avesse anche due medaglie al valore. Qualcuno del liceo ebbe l'idea di domandargli, durante l'ora di matematica, se il "duce" era paragonabile a Giulio Cesare o ad Augusto. Il Besta parlò di Mussolini per tutta l'ora, dimostrando che era superiore tanto a Cesare che ad Augusto.

Da allora, quando si volevano evitare le interrogazioni, o il compito in classe, bastava che uno di noi gli chiedesse della Marcia su Roma o di un altro evento del regime.

Era un prete fascista, come ce n'erano un po' dovunque, uno o due per provincia, alcuni cappellani della Milizia, altri semplici credenti nella parola del "duce". Il Besta sosteneva addirittura di non essere un prete fascista, ma un fascista prete, quasi che fascista fosse nato.

Che fine abbia fatto, non l'ho mai saputo. Probabilmente campò abbastanza per vedere la caduta del fascismo, con chissà quanto dolore, perché ci aveva creduto ingenuamente, da uomo astratto e senza i piedi per terra, come aveva dimostrato di essere quando era volato fuori dalla finestra, dietro il suono delle campane, nella mattina dei santi Fedele e Carpoforo.

Nelle Montagne Rocciose

Le Montagne Rocciose, che appartengono al grande sistema montuoso occidentale del Nord America e che dividono nel loro primo tratto l'Alaska dal Canada, sono poco note in Europa e pressoché sconosciute in Italia. Si può dire che nessuno di qui vi sia andato e ne abbia conosciuto le cime e i passi, gli scarsi nevai e le solitarie foreste dove troneggia a quanto si dice la sequoia, che tocca i cento metri d'altezza ed ha talvolta quattromila anni d'età

Di queste montagne, benché nato e vissuto sul Lago Maggiore, ebbi modo di impratichirmi stranamente al tempo dell'adolescenza pur senza muovermi dal lago, attraverso un libro, tra i primi che mi capitò di leggere e quindi, insieme al *Pinocchio* di Collodi e a qualche altro, uno di quelli che mi entrarono di più nella mente.

Nel Collegio Salesiano San Luigi di Intra sul Lago Maggiore, dove ero scolaro della quarta elementare, venivano dati in lettura ai migliori, nei quali si presumeva una certa disponibilità di tempo dopo i compiti, dei libri edificanti, come la Vita del Servo di Dio Domenico Savio o quella del Beato Cafasso, ma anche qualche libro d'avventure. Non del Salgari né del Motta e neppure del Verne, ma di un certo Ugo Mioni, che doveva essere stato missionario in qual che parte del mondo. Fu quindi, il Mioni, il mio primo autore, dopo il Collodi.

Che autore fosse lo capii molti anni dopo, quando scoprii che era un monsignore, con tanto di barba e di croce pettorale, forse invalido alle fatiche dell'apostolato in terre lontane e dedito a scrivere libri per la gioventù allo scopo preciso di sostituirsi al Salgari, che nelle sue storie faceva entrare delle donne, naturalmente bellissime, le quali avrebbero potuto eccitare la fantasia dei fanciulli e avviarla per strade pericolose. Nei libri del Mioni infatti non comparivano mai donne, come se l'umanità fosse composta solo di uomini.

Purtroppo il Mioni, profittando dell'ignoranza dei fanciulli e forse anche di quella dei suoi superiori, scopiazzava e adattava a fin di bene i romanzi d'avventure di uno scrittore tedesco sconosciuto da noi: Karl May, un bel tipo che il Monsignore si guardava bene dal citare, non solo perché presso di lui si riforniva indebitamente di storie e di personaggi, ma anche perché il May era stato un cattivo soggetto, da non venir neppure nominato agli alunni dei collegi salesiani e ai giovani in generale. Risulta infatti che Karl May, un tedesco nato nel 1842 e morto nel 1912, era un maestro elementare di pessima condotta, uso a rubar orologi ai colleghi oltre che a mostrar le vergogne agli alunni, e per tal ragione allontanato dalla scuola e incarcerato Rimasto privo di mezzi, l'ex maestro si decise a svaligiare una tabaccheria. Ma gli andò male e finì nuovamente in carcere stavolta per quattro anni. Scontata la pena uscì, ma per darsi ad altre imprese ladresche che gli procurarono anni e anni di carcere.

Vedendosi davanti un lungo soggiorno al chiuso, il May decise di utilizzarlo dedicandosi ad un'opera letteraria alla quale pensava fin dalla prima giovinezza, quando si abbandonava con voluttà alla lettura di ogni libro di viaggi e di avventure che gli capitasse nelle mani. A partire dal 1874 scrisse infatti ben 67 opere, creando personaggi memorabili, come Old Shatterland, un "trapper" americano dal cuore d'oro dotato d'un terribile pugno, che viveva nella prateria pronto ad intervenire, quando occorreva, per far giustizia o per proteggere i deboli. A Shatterland faceva riscontro, fra i pellirossa, il capo apache Winnethou, un gentiluomo rosso tutto generosità e nobiltà d'animo che conquistò al May milioni di lettori fra i giovani.

Il Mioni, evidentemente, venuto a conoscenza dell'opera del May, in parte stampata direttamente in francese, la utilizzò con disinvoltura pensando di far concorrenza al Salgari, se non proprio di sbaragliarlo. Fra i vari libri d'avventure che scrisse, uno, forse il migliore, mi toccò in lettura nel Collegio San Luigi di Intra, l'anno 1923 o 1924, l'unico anno nel corso dei miei studi giovanili in cui raggiunsi una discreta qualifica. Si intitolava *Nelle Montagne Rocciose*. Titolo assai pedestre, neppure paragonabile con *La tigre di Mompracem* o con *La scimitarra di*

Budda, ma più che sufficiente ad eccitare la mia vergine fantasia, al punto che divorai il libro in un giorno e lo rilessi altre due volte prima di restituirlo, riuscendo a imprimerlo nella memoria con tal forza che durante le vacanze, tornato al paese, potei raccontarlo a un coetaneo senza quasi nulla omettere. Mi pareva d'averlo scritto io, tanto mi ci immedesimavo. Braccioforte, che non potevo immaginare fosse la trasposizione del Shatterland di May, era diventato il mio eroe. Il capo indiano Matiru, ricalcato sulla figura di Winnethou, mi strappava le lacrime. Ralf, l'odioso brigante che stava in agguato su di un passo delle Montagne Rocciose per depredare i cercatori d'oro che tornavano dall'Alaska "onusti d'un prezioso fardello", come scriveva il Mioni, mi faceva fremere di sdegno e godevo pazzamente quando Braccioforte lo abbatteva col suo pugno micidiale.

Vedevo, leggendo, le Montagne Rocciose coperte di boscaglie, le sequoie millenarie con la chioma tra le nuvole e i sentieri scoscesi lungo i quali camminavano, bardati come muli, i cercatori d'oro che tornavano dall'Alaska carichi di pepite. Sentivo lo scroscio dei torrenti, lo strido delle aquile e il vento che radeva l'erba dei valichi, proprio come se le Montagne Rocciose fossero non nelle lontane Americhe, ma nelle nostre Prealpi.

Arrivai al punto, in quell'estate, di riscrivere tutto il libro, cercando di ricordarlo parola per parola. Riempii sette quaderni, che prestai agli amici e che riebbi un po' gualciti e impataccati prima di tornare in collegio, dove mi urgeva di confrontarli col libro.

Trovai, a suo tempo, che non avevo dimenticato nulla ed avevo addirittura aggiunto del mio. Don Vittorio, il giovane prete mio maestro, mi sequestrò i sette quaderni credendo trovarvi chissà quali nefandezze, ma quando li lesse andò dicendo ai maestri delle altre classi che avevo migliorato l'opera di Monsignor Mioni.

Il direttore del collegio, che era un prete maestoso e solenne, anche lui monsignore come il Mioni, richiese al maestro il libro e i miei sette quaderni che non rividi più, al pari del volume del Mioni, che fu tolto dalla circolazione. Aveva dato luogo ad eccessivi entusiasmi, sempre riprovevoli, suscitando un deprecabile orgoglio intellettuale, alimentando la vanità di uno scolaro e del suo maestro, che era giunto a farsi il merito d'aver suscitato un nuovo Mioni.

Il direttore non disse nulla di tutto questo, e semplicemente trattenne i corpi del presunto reato, che certo esaminò, senza sapere d'aver di fronte due scopiazzatori e in sostanza un omaggio a quel ladro, a sua volta, sebbene non di opere altrui, che fu il grande Karl May.

Quando cominciò il mercato di Luino

Un fantasioso storico delle nostre terre, tal Michele Grammatica, che da tempo non compare più sulla stampa provinciale, zittito dall'indifferenza dei lettori oppure da qualche impedimento che ha sospeso d'un tratto le sue rivelazioni, aveva scritto anni or sono di certe piste da lui scoperte sui monti della Valcuvia, a mezza costa, lungo le quali avrebbero transitato in epoca preistorica gli aborigeni che popolarono per primi le nostre località.

Con un naso tanto fino da sentir quasi l'odore di quei pelosi valcuviani dell'età della pietra, per il Grammatica fu un gioco trovare non dico i segni ma addirittura i nomi dei legionari romani che si affacciarono a guardare per la prima volta l'arco di lago tra la punta di Maccagno e quella di Germignaga quando di codesti toponimi non vi era neppure l'indizio. Non parliamo poi dei Liguri, dei Celti, dei Leponzi e d'altri popoli che hanno transitato o che si sono temporaneamente stanziati nelle nostre plaghe, che li aveva sulle dita e poteva dire come parlavano, come si vestivano e dove avevano le case.

Quanto ai romani, a Luino, o nel luogo dove sarebbe sorta Luino, abitarono di certo. Lo dimostra il ritrovamento di alcune tombe, un secolo fa, quando venne costruita la Stazione Internazionale. Se avevano il cimitero da quelle parti, le loro case dovevano essere in piazza Risorgimento, dove c'è la farmacia dell'Orazio o un po' più sopra, dove sorge la villa hollywoodiana del prevosto.

Arrivarono, i romani, un giorno di oltre duemila anni or sono. Era estate e l'avanguardia di una spedizione militare inviata a studiare i valichi delle Alpi era giunta alle rive del Verbano. Il corpo di truppa più consistente si avviò verso la sponda occidentale, in direzione del Sempione, mentre un altro, di almeno cento uomini, seguì la sponda orientale e arrivò a Laveno, o meglio sotto il Sasso del Ferro, dopo aver attraversato la zona collinare di Leggiuno.

La sponda, rocciosa e a strapiombo sulle acque, da Laveno in avanti non era praticabile. La spedizione girò allora intorno al massiccio e capitò in Valcuvia. Pare di vederli quei romani mentre camminavano tra l'erba mettendo i piedi per primi là dove sarebbero sorti Cittiglio, Brenta, Canonica, Cantevria e gli altri paesi che ora costellano la valle. Non c'era un solo abituro lungo il loro percorso e neppure se ne vedevano sui contrafforti. Solo uccelli; volpi, talpe, tassi e sui monti lupi e orsi, tutti appiattiti a veder passare i romani che finalmente, compiuta la grande curva intorno al monte che doveva venir chiamato San Martino, giunsero in vista del lago e delle prime serie montagne: il Lema sulla destra, il

Lemidario e il Gridone sul fondo, allora naturalmente tutti senza nome.

I romani da tre giorni non incontravano anima viva. Gli abitanti dei luoghi, in media uno ogni dieci chilometri quadrati, vedendo da lontano lo squadrone luccicante di armi, si ritiravano sui monti.

Appena quegli esploratori videro il lago, si accorsero d'un fiumicello che scendeva alla loro destra: era il Margorabbia. Passarlo non sarebbe stato difficile. Ma giunto in prossimità del lago il fiumicello si univa a un corso d'acqua più abbondante che sbucava da una gola e formava un fiume rispettabile, che era il Tresa.

I romani decisero di piantare l'accampamento tra il Margorabbia e il Tresa, sul triangolo di terra formato dalla loro confluenza, nella località attualmente chiamata Premacc e non lungi da un laghetto, oggi scomparso: il laghetto di Voldomino, dove cinquant'anni fa i luinesi andavano a pattinare.

Qualche ora dopo il loro arrivo e mentre i soldati montavano il campo, un caposquadra sfaccendato se ne andò verso il lago. Guadò il Tresa all'altezza del ponte di Voldomino e arrivò, passo passo, dove oggi sorge la Rotonda. Lo spettacolo del grande bacino mosso dal vento pomeridiano lo stupì. Tanto che si accorse solo dopo qualche minuto d'un uomo mezzo nudo e in braghe di pelle, che accoccolato sulla spiaggia pescava con una lenza. Il romano, che gli era arrivato alle spalle senza farsi sentire, gli appoggiò un piede in fondo alla schiena e con una forte spinta lo mandò un paio di metri al largo. Il pescatore andò sott'acqua poi riemerse voltato verso terra. Era infuriato e convinto d'aver avuto la pedata da un pescatore di Germignaga che si ostinava a ritenere quel posto di sua esclusiva spettanza. Ma quando vide che il romano metteva mano a una larga daga, pur non avendo mai visto tipi simili, giudicò prudente stare in acqua. Nuotò infatti come un cagnaccio lungo la riva descrivendo un grande arco e andando a prender terra vicino a un grosso scoglio tondeggiante, un chilometro più in là. Era il Sasùn, fino a pochi anni or sono visibilissimo sulla riva detta di San Bernardino, sotto la strada di Colmegna, e ora coperto dal terrapieno del nuovo lungolago. Il Sasùn, un paio di millenni dopo punto di ritrovo della ragazzaglia luinese che passava il pomeriggio sguazzando nel lago, servì fino a pochi anni or sono anche come punto di riferimento per l'Amleto, che partiva a nuoto come una freccia in direzione dei Castelli di Cannero, faceva duecento bracciate e poi operava una conversione di altre duecento puntando sul secondo casello della ferrovia Luino-Bellinzona, dal quale tornava al "sassone" per chiudere il triangolo che si era obbligato a percorrere estate e inverno a costo di affogare.

Il pescatore, uscito a riva di fianco allo scoglio, era andato di corsa alla sua capanna, vicina a sette o otto altre, sulla pendice dove ora sorge quel che rimane delle ville Ferrini e Boscetti e dei loro parchi.

«C'è in giro un malvivente tutto coperto di ferro» disse col fiato grosso ai suoi compagni che stavano in gruppo davanti alle capanne.

«Come!» gli risposero. «Non lo sai che ne sono arrivati, di quei tipi, un centinaio? Si sono fermati per adesso tra i due fiumi, ma pare che abbiano intenzione di piantar casa da queste parti.»

«Stiamo freschi!» esclamò il pescatore.

«Perché?» gli chiesero.

«Quello che ho visto io» rispose «el m'ha dai vun di chi valzacû!»

«L'avrà fatto per scherzo» lo consolò il più anziano di quei luinesi «perché sembrano brava gente, che non fa del male. Cercano soltanto pesce e ortaggi, offrendo in cambio aghi e pezzi di tessuto.»

Era cominciato il mercato di Luino.

Casa degli avi

Le città si rinnovano, i borghi secolari erigono grattacieli e condominii. Anche le rive dei laghi e dei fiumi si riempiono di costruzioni. Solo i vecchi paesi e i poveri villaggi tra i monti rimangono intatti. Anneriscono lentamente, si spopolano e diventano simili agli antichi *pueblos* abbandonati delle Ande.

Nessuno ripara le decrepite case di pietre tonde dove vissero i nostri nonni contadini, nessuno rimette in piedi il portone scardinato, spazza il portico o rifà il tetto.

La casa dei miei avi materni è ancora come la lasciò mio nonno nel 1920, quando lo portarono a spalla per il sentiero, al piccolo cimitero sul colle in vista dell'ultimo tratto del Lago Maggiore. Da allora nessuno più la abitò. Divenne un piccolo museo privato dal quale i parenti asportavano qualche pezzo ad ogni visita, finché rimase nuda, senza neppure i letti.

Sparì l'inginocchiatoio scuro di noce dove il vecchio novantenne pregava, sparirono i canterani, le sedie, le brocche, gli specchi ondulati e gli attaccapanni a forma d'albero. Chi portò via i pitali? Nella cucina non c'è più un rame e neppure una zàngola, un secchio o un mastello; restano solo i ganci sporgenti, qualche mensola fissa, il camino, il forno del pane, gli armadi a muro. Nulla nei locali più rustici, nulla negli ànditi. Nella cantina è rimasto un tino sfasciato, qualche doga imputridita e alcuni cerchi di botte.

Il cortile è un bosco di noccioli sparso di pietre, la stalla è un antro vuoto, il pozzo è interrato. Ma la casa regge; e al catasto figura, per tre passaggi, intestata al mio nome.

Cosa posso farne, che non ha neppure il cesso? Ci vado ogni due o tre anni, entro dal portone, ne riprendo possesso senza sedermi in alcun posto. Salgo la scala esterna, percorro il ballatoio, vado nell'ultima stanza dove morì mio nonno. Mi pare di risentire il suo odore di vecchio, rimasto nei muri dopo quarant'anni. Ricordo la sua tabacchiera di legno, la sua papalina, i suoi fazzoletti gialli. Metto poi l'occhio nella stanza dove morì nubile a cinquant'anni mia zia Domenica, mi affaccio a quella dove nacque mia madre.

Io sono nato altrove, ma in quella casa ho passato le estati dell'infanzia, ho giocato in quel cortile e sotto quel portico al tempo in cui erano vivi tutti quelli che la spagnola ed altri mali portarono via quarant'anni or sono. E se torno fra quelle mura, di là del portone, è per accorgermi che sono il solo superstite, per sentire l'eco della mia voce nella quale suona un accento perduto, per importunare il silenzio che si è fatto padrone nella casa dei miei vecchi.

Qui ho dunque vissuto? Qui ho corso, gridato, pianto?

«Oh, ritornate a me voci d'un tempo!» Voce di mio nonno soldato all'assedio di Gaeta, delle mie vecchie zie che chiamavano le mucche e le capre, di mia madre che lasciò i suoi campi per andarmi a partorire in un borgo lontano, sposa a un meridionale. Voce di mio cugino Giulio, buono e tonto, di mio zio Giovacchino suo padre, ombrellaio a Torino; di mio zio Peppino che si era arricchito ad Oleggio, dei suoi due figli che morirono prima di lui, di mio zio Pietro detto Càmola, scapolo testardo distrutto dal vino. Voce di mia zia Franceschina che veniva dalla stalla insieme ad un dolce muggito, della Cia, dell'Agnese, della zia Marianna che ebbe nove figli, e quando venne ad assistere mia madre nel parto mi scaldava i piedi alla fiamma del camino...

Le tempeste di primavera le raccolgono tutte sotto il portico in un vortice lento. Arrivano come uccelli cacciati dal nembo; e per risentirle io tornerei sotto quel portico, aspetterei seduto sul ciocco dove stava mio nonno con in mano la scodella della minestra

Sono sparsi, tutti quei morti, in piccoli cimiteri del Piemonte e dell'alta Lombardia. Una parte è presso la casa dei vecchi, sul poggio che guarda il lago. C'è anche, sotto il muro, mia nonna Angela Falciola che non ho mai conosciuto.

Formano, tutti insieme, un piccolo coro che chiama da ogni parte; e sono io, non le tempeste di primavera, a riunirli

Solo dopo di me taceranno per sempre, quando li inseguirò, quando li raggiungerò nei loro nascondigli.

Allora non sarà più nulla di noi, ma questa casa rimarrà, attraverserà altre centinaia d'anni, monumento senza storia, perché del coraggio che qui essi ebbero ad amarsi pur sapendo di sparire, non è storia del mondo.

Nessuno allora saprà di quegli uomini miti, di quelle donne devote, dei loro animali e di questa ultima voce mia che ancora vaga come un ronzio d'ape intorno ai luoghi della loro vita.

Nessuno saprà quanto li ho delusi e scornati prima di perderli; e come, dopo, ho custodito con pietà i loro nomi ridicoli, ho ricordato le loro parole, i gesti di quando s'incontravano – ogni anno – sotto il portico della casa comune, le facce badiali, le comode andature: quel passo famigliare, calmo e riposato, col quale hanno svoltato l'angolo, passato il ponte.

Il freddo, nemico in cerca di prede

Fra i nemici dell'uomo e della vita in genere è da mettere ai primi posti il freddo, e in particolare quello dell'inverno, che non solo può essere causa di malanni, ma è sempre un passo verso i 273 gradi sotto zero del termometro, vale a dire verso la soglia ultima dello stato termico dove comincia il regno del silenzio assoluto nel quale è possibile ascoltare, a quanto dicono alcuni scienziati, il fruscio delle stelle più lontane e addirittura l'eco dello scoppio iniziale, che ancora tuona, dopo diciotto milioni di anni, dai confini dell'universo.

Ogni uomo ha un suo rapporto col freddo. Il mio, essendo nato alla fine di marzo, ebbe inizio tra i mesi d'ottobre e novembre. Ero stato affidato, per l'allevamento, a una contadina che abitava in un cascinale solitario, sulle colline dietro il mio paese. Con una cuffia di lana in testa, bene avvolto in spesse fasce e infilato nel porta-infante, passavo la giornata sfidando il freddo della povera cucina che aveva imposte scardinate, e un caminetto sempre spento.

«Col freddo non si scherza» diceva ogni anno mio padre, che vedeva arrivare le giornate invernali come un'orda assassina contro la quale occorreva armarsi. Incollava, nella nostra vecchia casa, strisce di carta agli spiragli di tutte le finestre e metteva salamotti di stoffa al piede delle porte. Andando a letto, si portava dietro un mattone che aveva tolto dal forno e rotolato in uno straccio, dopo aver mandato avanti mia madre con una *boule* d'ottone piena d'acqua calda. Lo scaldaletto di rame, da far scorrere tra le lenzuola, che tenevamo appeso a un chiodo in cucina, era per me. Mio padre lo riempiva con le braci della stufa o del caminetto, lo portava per tempo nella mia camera e lo introduceva nel letto, protetto da un telaio di legno chiamato "prete". Lo toglieva quando nel letto entravo io in camicia da notte e lo posava in mezzo alla stanza, perché scaldasse ancora un po' l'aria.

Venni difeso dal freddo fino all'età di undici anni, quando, essendo risultato non disciplinabile tanto a scuola che in famiglia, venni rinchiuso nel Collegio Salesiano San Luigi di Intra, sull'altra sponda del lago

In collegio il freddo, trovandomi solo, si impossessò di me. Non vi era riscaldamento di sorta nel grande fabbricato, vero monumento della parsimonia salesiana. Il gelo che scendeva dalle strette valli del San Bernardino e del San Giovanni, i due fiumi entro le cui foci siede Intra, entrava nelle nostre camerate e ci stringeva in una morsa contro la quale non vi era altro schermo che maglie e tabarri, oltre alla pratica del soffregar le mani, diventata un'abitudine della quale non mi sarei più liberato, come tutti coloro che in quegli anni anteriori all'uso del riscaldamento centrale vissero in collegi o seminari.

Si sarebbe potuto, per impedire l'aprirsi sulle dita dei geloni, tenere le mani nelle tasche delle brache, al tepore degli inguini. Ma era severamente proibito. Bisognava soffregarle le mani, energicamente, avvolgendole con forza, poi facendole scorrere strette a pugno sulla palma, una dopo l'altra. Si poteva, come unica variante, scaldarle col fiato, ma guai a chi le affondasse nelle tasche dei pantaloni, se non rapidamente, senza farvele sostare e solo per togliere e riporre il fazzoletto.

In quel collegio anche San Luigi Gonzaga e il Servo di Dio Domenico Savio parevano, nei quadri che li effigiavano con la bianca cotta di merletto, figure di gelo, taciti inviti al freddo dei loro regni celesti.

Come non si conoscevano stufe a quei tempi e in quei convitti, così non si conoscevano vacanze di Natale o di Pasqua. Le feste si facevano in collegio e consistevano in presepi, messe cantate e benedizioni, con un pezzo di crostata a pranzo, che era l'unico godimento non spirituale delle due solennità.

Ma avvenne che un anno mio padre ottenesse di portarmi a casa per un giorno, a Santo Stefano, con l'impegno di riportarmi in collegio il giorno successivo di buon mattino, perché non mancassi neppure per un'ora alle lezioni.

Gli domandai, durante il viaggio in battello da Intra al mio paese, come gli fosse riuscito di portarmi a casa, fosse pure per un giorno.

«È stato don Alessandro» mi rispose «che ha scritto al direttore.»

Don Alessandro era il nostro parroco, assiduo fornitore di allievi al Collegio San Luigi.

«Ho portato» disse mio padre dopo un lungo silenzio «dieci bottiglie di vino a don Alessandro, che ha fatto il miracolo.»

Il giorno dopo Santo Stefano venni fatto uscire dal letto alle cinque. Alle sei e mezza partiva un treno per Laveno, dove alle otto si poteva prendere il battello per Intra. Arrivai con mio padre a Laveno che era ancora buio. Scesi dal treno reggendo una valigetta nella quale erano stati pigiati guanti di lana, maglie, dolci, prugne secche contro la stitichezza, qualche vasetto di marmellata e una pomata di foglie d'edera contro i geloni. Di fianco al mio silenzioso genitore, mi avviai lungo il tratto di strada che dalla stazione ferroviaria dello Stato porta all'imbarcadero e alla stazione delle Ferrovie Nord, nella cui sala d'aspetto si poteva trovar rifugio in attesa del battello.

Il freddo quella mattina aveva vetrificato la strada, le siepi, gli alberi, le case e perfino la montagna, l'irto e dirupato Sasso del Ferro, che incombeva sopra di noi chiuso in una rete di cristallo dalle sue poche acque rapprese dal gelo.

Dietro il monte cominciava ad irraggiare la prima luce del giorno, quando nel viale che fiancheggia i binari della Ferrovia Nord vidi per terra, al piede degli alberi spogli, alcuni piccoli fagotti. Erano passeri morti di freddo e caduti dai rami. Diedi un piccolo calcio a uno di quegli uccelli, che rotolò come un ciottolo sul terreno bianco di brina. Andando avanti verso il lago, sotto ogni albero si trovavano passeri morti, simili a duri frutti che una silenziosa bufera notturna avesse scrollato dai rami.

Davanti a noi, giunti all'imbarcadero, si apriva il lago: una distesa rosa e viola di livide acque, sfiorate dal sole che era sorto alle nostre spalle. Nessun battello era in vista, perché mancava quasi un'ora alla partenza. Per fortuna eravamo a pochi passi dalla stazione della Nord dove ci si poté riparare, anche noi, come i passeri, già mezzo induriti dal freddo.

Da allora ho sempre temuto l'inverno: ho persino paventato che potessero venire a mancare la legna, il carbone, la nafta, la forza elettrica, le poche difese possibili contro il freddo che è sempre in agguato, che aspetta il momento propizio per gettarsi su di noi. Da allora, ho sempre cercato sui giornali, nei mesi di gennaio e febbraio, la tabella delle temperature massime e minime, le notizie dei casi di assideramento e delle grandi gelate, per seguire il nemico nei suoi spostamenti in cerca di prede, riconoscerne il passo ed evitarne l'incontro.

Ortensio

Nell'alta Lombardia, dove i laghi incominciano a stendersi, al piede delle Alpi, stanno raccolti alcuni paesi di quasi ignorata bellezza, la cui storia è soltanto nelle monografie di qualche ricercatore provinciale o nella dolce memoria dei paesani che sono andati a lavorare e a penare per il mondo. Paesi che hanno un turrito stemma comunale, qualche avanzo d'epoche lontane, ma una impronta, nelle piazze, di Sei e di Settecento, anche se dietro, nelle vie distorte, nascondono case più vecchie di qualche secolo e antichi cortili conventuali. Nella parte alta, presentano un accavallamento di tetti scuri, intorno alla chiesa da cui digradano per tortuose contrade, fatte a sghembo perché il vento del lago non le prenda d'infilata nei rabbiosi giorni di marzo.

Fuori dal vecchio agglomerato quei paesi si stendono per viali nuovi tra il lago e un imbocco di valle, hanno chiese, una o due, verso i campi, qualche manifattura vicino a brevi corsi d'acqua. Ma dentro al nucleo primitivo conservano l'antica nobiltà, dove i portali attestano i secoli e gli intonaci hanno sfumature d'ocra e di rosa. Là, le famiglie il cui nome ricorre di tomba in tomba nel vecchio cimitero, sopravvivono relegate in fondo a labirintici cortili e la loro gente vi gode un sole privato, ereditario. In quelle corti si tramanda il dialetto più incontaminato e si conservano gli usi tradizionali; escono di là, nelle feste del paese, gli uomini delle confraternite in vestaglia rossa o bruna, confratelli una volta l'anno, poi irriducibili rivali di mestiere o di bottega.

Chi è vissuto fra quelle vie intorte, sotto quei fiumi geometrici di cielo azzurro che le gronde dei tetti conducono dalla chiesa al lago, e si è visto crescere di anno in anno, riflesso il volto ai vetri delle accanite botteguccie, novera quei tempi fra le epoche felici del mondo e cerca spesso il quaderno della memoria cui quei calmi paesi sono affidati in un fiato geloso, composti come fiori morti di lontane stagioni.

Uno di questi paesi è sulla "sponda magra" del Lago Maggiore, all'estremo bordo occidentale della provincia di Varese; e la sua via più bella, che negli ultimi dieci anni ha cambiato tre nomi, si chiamò in antico via dei Mercanti. Lungo i vari segmenti per cui si svolge in salita verso la Parrocchia, schiera le più decrepite botteghe del borgo, e l'odore delle drogherie vi stagna mescolato a quello delle cucine e delle pasticcerie per tutte le ore del giorno. D'inverno il sole non ne tocca mai il fondo, e quando a primavera un raggio torna sulle soglie e spunta l'erba verde tra il selciato, la stagione par più viva e dolente in quel poco verde che non fuori, sui colli e nei prati o sul lago che prende colore ai primi venti.

È un dolce esercizio pieno di effetti nostalgici, quello di ricostruire nella memoria l'ordine delle infinite botteghe nella via dei Mercanti; ma ce n'è una che brilla d'oro e di ricordi fra tutte, ed è quella dell'orefice Ortensio.

Si apriva tra il fondaco d'un droghiere e il magazzino d'un vetraio, e come tutte le botteghe della via aveva luce solo dalla porta. Era vuota come una tomba abbandonata e la merce era tutta in vetrina. Anche l'Ortensio non vi entrava mai. L'apriva al mattino dall'esterno, prendeva una sedia che la sera avanti aveva spinto dentro prima di chiudere, e andava a sedersi all'altro lato della via, sull'ingresso d'un portone cavernoso che metteva ai cortili di Pompeo macellaio. Di là teneva d'occhio la bottega e se qualcuno, poche volte in un anno, vi entrava, il vecchio Ortensio gli correva dietro con gli occhiali in mano, disposto a tutte le scortesie. Dalle soglie vicine la gente stava attenta. Quasi sempre si trattava di uno che aveva sbagliato negozio o di un commesso viaggiatore, e usciva subito. Se la sosta si prolungava era tutto un pettegolare fra i bottegai di vedetta. Credevano che l'Ortensio ci tenesse a vendere, loro negozianti fino all'anima; invece lui contrastava col cliente, esagerava il prezzo, diceva cose sgarbate, sempre per non vendere. Anzi, se vedeva al panciotto del cliente una catena d'oro o al dito un anello, faceva ottime offerte.

Da quattro metri di distanza l'Ortensio rimirava crucciato per tutto il giorno la sua vetrina piena di custodie foderate di velluto cremisi stinto e polveroso, di anelliere e di pendenti. Dai ganci pendevano cipolloni di metallo sistema Rosskopf, cornetti d'osso e coralli legati in argento erano sparsi qua e là, mazzi di collanine, catene e catenelle, tutta la cianfrusaglia d'orefice borghigiano che l'Ortensio aveva ereditata col negozio da un suo zio chissà quanti anni prima.

Ogni primavera ripuliva tutta quella mercanzia, la lucidava, la controllava, e forse era contento di constatare che neppure un pezzo era uscito dal negozio. Penso che se fosse mancato un fermavere o la maglia d'una catena, l'orefice Ortensio avrebbe sentito che in quella primavera qualche cosa era cambiata.

D'altra parte si sapeva che l'Ortensio aveva una rendita; e la casa dove abitava, in cima alla via, gli apparteneva interamente. Era una costruzione semplice, a rare finestre, dall'aspetto quasi signorile. Verso strada opponeva un muro cieco e alto che dentro sosteneva un giardino a due piani; la casa era in fondo al terreno, non allineata colle altre, ma volta a sud, isolata, sdegnosa del piccolo borgo che formicolava di gente lungo la sua decrepita arteria mercantile.

L'orto che si chiudeva là dentro lo coltivava tutto l'Ortensio nelle lunghe sere quando, voltata la schiena alla bottega chiusa, s'era avviato a piccole falcate delle gambe storte verso l'alto della via per infilare la porta della sua clausura famigliare. Non era solo, l'Ortensio: aveva una moglie vecchia come lui e alcune figlie in età matura.

Quell'orto invisibile, l'unico in tutta la strada, era una favola. Nessuno l'aveva mai visto e l'Ortensio ne raccontava meraviglie. Ogni tanto portava fuori un pomodoro enorme, frutto della sua terra, o una bella pera, e bisognava pur credergli. Quei tristi bottegai che coltivavano il basilico e il prezzemolo sui balconi, avrebbero dato un figlio per un palmo di terra vera, e sentivano la superiorità di Ortensio, uomo sodo, sicuro, abbiente, e anche stravagante. Perché, ad esempio, era un famoso uccellatore in società con un ferroviere, sopra un colle dei dintorni. Cosa inconcepibile per un esercente di allora. Ma l'Ortensio era un finto esercente, e chissà come godeva quello starsene nei mattini d'autunno in vetta al suo roccolo a spiare le passate dei tordi e delle viscarde. Certo pensava con disprezzo ai vicini di bottega, e portava loro talvolta un passero o un verdone per far vedere di quali cose belle e vive lui si interessasse. Alcune volte il verdone lo regalava a me, perché facendolo vedere in giro propagassi quella sua audace attività, a confusione dei pizzicagnoli e dei panettieri che nelle loro botteghe guadagnavano più di lui, ma c'invecchiavano senza vanto.

Dal roccolo l'Ortensio si portava spesso un'immensa rete da rimagliare, e andava a lavorare di fronte alla sua bottega, ma un po' più in basso, dove poteva attaccare la paretaia ad un chiodo del portone di casa nostra, sulla soglia d'un andito così vasto da poterci far passare un carro anche quando il vecchio orefice vi stava rattoppando la sua rete. Tuttavia mi pareva un po' un abuso quell'impiantarsi sulla soglia altrui, e benché stessi di frequente a seguire il giocolìo delle sue dita e della forcella di legno innaspata di filo bruno, avrei voluto che mio padre o mio zio lo facessero filar via col suo trespolo e la rete in spalla. Pregustavo la gioia di vederlo mentre si allontanava sdegnato sulle sue gambe a sesto acuto, gli occhiali sulla punta del naso e gli occhi sciabolanti a destra e a sinistra. Così l'avevo già visto quando se la pigliava con qualcuno e parlava a sbuffi contenendo un'ira che metteva quasi paura. Ma nessuno interveniva a contenere l'invadenza dell'Ortensio ed egli stava acquistando una specie di diritto ad impiantarsi nel nostro andito. E questo, dopo aver rifiutato con disprezzo la proposta che gli avevo fatto di prendermi come apprendista nel suo roccolo.

Allora ci pensai io a sloggiarlo, dall'alto di una mia aerea finestra, una mattina che ero rimasto a letto un po' indisposto e m'annoiavo. Cominciai col versargli da un vaso di garofani alcuni sassolini che stavano al piede della pianta; poi coi sassolini se ne andò il blocco di terra interamente, e con tutta la pianta si sfasciò sul capo calvo dell'Ortensio.

Non ci fu più possibilità di riconciliazione, e l'Ortensio si pose in ostilità perpetua con tutta la mia famiglia. Non mi poté avere nelle mani subito, anche perché fui mandato in campagna; né poi, perché io stavo all'erta e in lui la voglia di vendetta s'andava adagiando in un sordo rancore che doveva portare, senza mai raddolcirlo, fino alla morte.

Anche dopo aver cambiato casa passai ancora di tanto in tanto e per almeno vent'anni davanti a lui ed alla sua inalterata botteguccia, e dal suo sguardo ogni volta seppi che nulla era cambiato, che quasi mi si poteva ancora avventare contro.

Eppure per me l'Ortensio era ormai una leggenda del passato e lo amavo a modo mio, dentro a quel mondo, come un perduto bene dell'infanzia.

Quando molti anni dopo, tornando da una lunga assenza seppi che l'Ortensio era morto da un pezzo, per commemorarlo un poco e forse per commemorare di più i miei tempi lontani, non lo cercai al cimitero, ma andai a passare per quella strada, davanti alla sua bottega chiusa. Cercai sul portone il chiodo della rete e non ebbi voglia di salire fino in cima alla via, a quella maniglia di ottone che una sera l'Ortensio aveva afferrata per l'ultima volta, forse consapevole che non sarebbe tornato più in bottega, smarrito al pensiero della sua vita che gli era finita così, in quella strada.

Dissero che la pianta di quel vaso che gli vuotai in testa, recuperata sul selciato, l'Ortensio la portasse a casa per trapiantarla, ritenendola ormai sua.

Fu per allevare e mantenere il desiderio di vendetta, o perché avendo l'animo imparziale distinse la pianta verde e fiorita dal mio gesto e dal suo risentimento?

Il Maestro

Viveva al nostro paese, negli anni tra le due guerre, un uomo di genere indefinibile, che in altri tempi sarebbe passato per un filosofo, cioè per uno di quegli esseri il cui occhio, volto apparentemente alle cose del mondo, è invece fisso altrove. Il suo nome non ha importanza: è stato dimenticato da tutti, tanto era comune e insignificante. Ma càpita ancora, qualche volta, che qualcuno si ricordi di lui per citare una sua sentenza, un suo tratto di spirito o un episodio della sua vita. In tali casi egli non viene indicato né col nome né col cognome, ma con l'appellativo di Maestro.

Era comparso negli anni immediatamente successivi alla prima guerra mondiale, alla quale aveva partecipato riportando, pare, una ferita alla testa. Appena giunto tra di noi, affittò una misera stanza, vi collocò un letto, un tavolo, una credenza, uno scaffale e un paio di sedie. Consumava un litro di latte al giorno, un po' di pane, qualche uovo e pochi ortaggi. Ogni mattina usciva verso le undici dalla sua stanza e camminando lentamente andava a collocarsi su un angolo della piazza, dove restava immobile, con la mano sinistra in tasca e la destra appoggiata dietro la nuca. Qualche volta, poggiava dietro la nuca la sinistra e teneva in tasca la destra.

Piccolo di statura, magro, insaccato dentro un'ampia giubba e un largo pantalone, con un pesante cappotto e una sciarpa di lana avvolta intorno al collo nei giorni di freddo o di vento, e sempre con un berrettone a quadretti bianchi e neri in testa, guardava davanti a sé attraverso un grosso paio di occhiali cerchiati di tartaruga. Ai lati della piazza passava la gente avviata ai propri affari, le donne che andavano nei negozi a far la spesa, e verso mezzogiorno i bambini che tornavano da scuola.

Era a quell'ora che alcuni personaggi, i maggiorenti del paese, professionisti, commercianti e qualche industriale, quattro o cinque in tutto fra i quali il Podestà e il Segretario Politico, si avvicinavano a lui. Lo accostavano uno per volta, come gente che andasse a confidargli un segreto o a chiedergli qualcosa. Chi gli domandava un parere legale, chi un consiglio sopra un caso famigliare. Qualcuno lo consultava sulla convenienza di un affare, sull'interpretazione di un testamento o di un contratto. Il Podestà gli chiedeva consigli sull'edilizia, sulle imposte e sui casi più complessi che gli si presentavano nell'amministrazione del Comune. Il Segretario Politico per solito gli leggeva qualche lettera che aveva ricevuto dai gerarchi che stavano sopra di lui nel capoluogo o a Roma, poi toglieva di tasca un libretto di appunti e aspettava che il Maestro gli dettasse la risposta adatta. Altre volte era un professore delle scuole pubbliche incappato in qualche provvedimento disciplinare o un impiegato dello Stato al quale era stata contrastata l'ascesa nella carriera, che gli si rivolgeva per risolvere al meglio il proprio caso. Il Maestro rispondeva quasi sempre senza guardare l'interlocutore o abbassando su di lui uno sguardo fugace.

Dopo una mezz'ora, quando le strade si spopolavano durante l'ora di colazione, il Maestro usciva dalla sua immobilità, scendeva dal marciapiede sul quale era rimasto un'ora e anche più, traversava la piazza, passeggiava un po' per il paese, poi andava a ricoverarsi nella sua stanza.

Nessuno seppe mai dove prendesse i pochi mezzi che gli occorrevano per vivere. Si sospettò che alcuni di quelli che lo interpellavano gli facessero scivolare del danaro nelle tasche a titolo di compenso, ma non era che una ipotesi, non suffragata da alcuna testimonianza.

La fama del Maestro era salita a tal punto che, spesso, dal capoluogo di provincia e anche da più lontano arrivavano al nostro paese degli uomini d'importanza, i quali, attesa l'ora del mezzogiorno, si mettevano in coda e aspettavano il loro turno per interrogarlo, mescolandosi alle donne, ai contadini, e agli operai, che fiduciosamente lo avvicinavano per sottoporgli i loro miseri casi.

Il Maestro era il genio benefico del paese, e tutti lo avrebbero riconosciuto per tale, se non avesse avuto l'abitudine di rispondere spesso ai postulanti in tono beffardo, osando talvolta respingerne qualcuno come indegno dei suoi consigli. Appariva chiaro a chiunque, che aveva la possibilità di leggere nell'animo umano. Egli non esitava infatti, quand'era il caso, a mescolare ai suoi pareri dei rimproveri o delle vere e proprie intemerate. Al Segretario Politico aveva contestato la prepotenza dei modi, la supponenza, e perfino la legittimità del suo potere. Era chiaro che le idee politiche del Maestro erano avverse a tutti i regimi e quindi anche a quello fascista, ma nessuno, e neppure il Segretario Politico, si sognò mai di recargli noia.

Si sparse ad un certo punto la voce che fosse un framassone. Ma si seppe anche che qualche volta, verso sera, varcava il cancelletto della casa prepositurale nella quale restava solitamente due o tre ore. Il prevosto, al quale era stato chiesto con discrezione quali fossero le sue impressioni sul Maestro, non ebbe difficoltà a dichiarare che si trattava di un illuminato, col quale parlava di storia, di filosofia, di teologia e, più spesso, di letteratura greca e latina. L'unico che si fosse azzardato a porne in dubbio la sapienza era il direttore della Banca, che sfidato da alcuni amici, decise un giorno di metterlo alla prova chiedendogli un consiglio tecnico sulla formazione del bilancio. Il Maestro, che sapeva a memoria tutti i dati dei bilanci precedenti della Banca, gli diede il consiglio richiesto. Corsero allora a chiedergli lume i fabbricanti di stoffe, i conciatori, gli allevatori di bestiame, gli ingegneri e perfino i medici. Era una grande comodità avere in paese un simile oracolo molto più utile di una biblioteca e più sicuro di qualunque testo.

Ad un uomo di tal fatta era naturale che provenissero da ogni parte le proposte più allettanti. Ma pareva che il danaro non lo interessasse e gli onori ancor meno Tetragono ad ogni tentazione della vita, scapolo e certamente astinente, privo di qualsiasi bisogno e pago della sua solitudine, il Maestro invecchiava serenamente di anno in anno senza alterare minimamente le sue abitudini.

Venuto il 1943, e l'occupazione tedesca dell'Italia, fu lo stesso Segretario Politico a consigliargli la fuga in Svizzera. Noto come antifascista e antitedesco, il Maestro sarebbe stato certo perseguito, imprigionato o deportato. Anche lui se ne rese conto. Ma a chi gli consigliava la fuga e si offriva di facilitargliela attraverso la rete di confine, rispondeva che non era uomo da trasformarsi in un coniglio o in un topo, e che mai si sarebbe infilato in un buco o avrebbe scavalcato una qualsiasi recinzione.

Riconoscendo tuttavia che non avrebbe saputo patire oltraggio di alcun genere, e che sarebbe bastato uno schiaffo, uno scrollone e anche un semplice insulto per causargli sùbita morte, si decise a passare la frontiera: ma a viso aperto, attraverso il valico principale e camminando nel mezzo della strada.

Dichiarata la sua intenzione, fece sapere ai suoi estimatori che sarebbe entrato in Svizzera la domenica dopo, a mezzogiorno in punto. La voce si sparse, e una piccola folla si dispose a seguirlo fino al valico, che era presidiato da militari italiani e tedeschi da una parte e dalle truppe svizzere dall'altra.

Erano le undici di mattina, quando il Maestro iniziò la marcia verso la frontiera, che è poco più d'un chilometro, col suo solito passo e senza portare con sé il più piccolo bagaglio. Alle dodici meno cinque spuntò in fondo al rettilineo tagliato in due dalla linea di confine. Camminava tranquillamente nel mezzo della strada, mentre quelli che lo seguivano gli si tenevano a distanza o si spargevano nei prati e sulle alture circostanti per non perdere lo spettacolo. I militari tedeschi, che stavano armati davanti al posto di blocco, lo videro venire avanti e giungere al valico senza degnarli d'uno sguardo. Mentre si aspettavano che entrasse in caserma o che si fermasse togliendo di tasca qualche messaggio o lasciapassare straordinario, il Maestro, senza accelerare il passo, era già arrivato alla caserma svizzera, dove si arrestò sempre nel mezzo della strada e mandò a chiamare il comandante.

Pochi giorni dopo, al paese giunse notizia che il Maestro era a Lugano, dove verso mezzogiorno si poteva vederlo in piazza Riforma, fermo ad un angolo, sul marciapiede, con la mano destra in tasca e la sinistra dietro la nuca, o viceversa. Ma fu per poco, perché presto scomparve.

Alla fine della guerra, gli internati che tornavano dalla Svizzera sparsero in paese la voce che il Maestro era stato assunto in alto, in qualità di consigliere segreto dei più grandi organismi internazionali, tanto che se la conflagrazione mondiale era andata come era andata, non poteva esser dipeso che dal suo misterioso talento.

Come Elia, Romolo, Ganimede o altri chiamati alle mense superne, il Maestro non ricomparve più sulla terra, né da noi né in altro luogo.

L'ignoto pioniere

Al nostro paese non si erano mai viste barche a vela fino al 1927-1928. C'erano solo barche a remi. Attraccava quattro volte al giorno il battello a vapore della Società Lacuale, una volta alla settimana un grosso barcone da trasporto e due o tre volte l'anno la torpediniera armata della Guardia di Finanza. La navigazione a vela era assente e restava per noi un'immagine presa dai libri o intravvista su altre sponde.

I più anziani avevano forse visto gli otto metri e le varie stazze sportive di fine Ottocento, provenienti dal centro-lago, sfiorare la sponda o ripararsi nel porto in qualche lunga regata o crociera ai tempi del Principe Troubezkoy, principe che del resto regatava ancora, col suo *Cotia*, intorno agli anni 1934-'35, e che io stesso vidi alla barra nel golfo Borromeo, con la barba bianca. Dico forse avranno visto, perché non badavano alle vele e non pensavano di scendere nel fiume della tramontana che passa davanti alla foce del Tresa quasi tutte le mattine. Credo non si accorgessero neppure di quel passaggio, né di quell'altro dell'inverna che quasi ogni pomeriggio corre in senso inverso e ripèttina il lago scarruffato dal vento del Nord o Nord-Est, sia esso la tramontana o il raro *mönscendrin*, che è un torrente d'aria generato dalla profonda valle Mesolcina e dirottato verso il lago dalle quinte del Monte Ceneri da cui prende nòme.

Non scendevano in acqua, i vecchi di allora, che per pescare vicino alle rive o per fare viaggio verso la Svizzera o il Piemonte. Il lago lo guardavano dalla piazza o dai viali. Erano rari, allora, anche quelli che nuotavano, e in genere delle persone poco serie.

Ma nel 1927 o 28 arrivò il Cavalier Alex Tirelli che nessuno seppe mai chi fosse e perché avesse scelto il nostro paese per venirvi a fare il signore, portando nel porto il *Cynthia*, un vero cutter a tre vele, con tanto di cabina, cuccette, salottino e in coperta una sfavillante ruota di timone, la bussola, i parabordi, i salvagente, i fanali di posizione e tutto l'armamentario di un piccolo bastimento.

Il Cavalier Tirelli, che aveva come unica occupazione la carica di presidente locale della Croce Rossa, era un distinto signore magro e ossuto, dai baffi bianchi e con un paio di occhiali di tartaruga sopra un naso affilato. Pareva un capitano di mare, un ex ammiraglio o proprio un yachtsman inglese, e stava alla barra maestosamente, spostandosi qualche volta senza fretta alle manovre, come se le scotte e gli stragli avessero imparato ad aspettarlo senza sbattere per rispetto della sua autorità. Avrà avuto settant'anni, ma era energico, agile, e in possesso di una perizia velistica che si imponeva a tutto il porto, cioè a quei quattro pescatori e barcaioli che vi oziavano d'estate.

Un signore simile, con una nave a disposizione dove riceveva gente e offriva tè e merende, da noi non si era mai visto. Certe volte dava fondo all'ancora nella baia di Sant'Onofrio, metteva contro sole un paio di teli e si sdraiava in poltrona a godere il soffio fresco dell'inverna. I ragazzi nuotavano intorno al panfilo, come i selvaggi intorno alle caravelle di Cristoforo Colombo e guardavano in su coi capelli negli occhi, verso quel Dio col berretto bianco a visiera che fumava il sigaro guardando la sponda opposta.

A bordo il Cavalier Tirelli accoglieva soltanto qualche gruppetto di ondine della migliore classe sociale allora disponibile nel paese. E si vedevano gambe di donne, anche mature, penzolare lungo le murate, e altre gambe che si muovevano da prua a poppa a servire tè e pasticcini. I sandolini giravano al largo e una zona di rispetto si stabiliva spontaneamente intorno a quel miracolo di vele bianche in panne, di ottoni accecanti e di bandierine colorate.

Gran signore quel Tirelli anche se, in realtà, era un povero diavolo alla fine dei suoi danari, se ne aveva mai avuti, che finì col vendere il cutter a gente che lo portò via, e col ritirarsi sempre più in piccolo, fino a morire quasi in miseria.

Ma la sua nave aveva svegliato la passione del navigare a vela, e qualcuno incominciò ad armare un barcozzo qualunque con alcuni metri di tela. Poco dopo apparve un dinghy e di anno in anno si andò formando una flotta, una società velica, un piccolo cantiere.

Nessuno più ricordava il pioniere, il signore dai baffi bianchi che negli anni magri aveva fatto risplendere il porto col suo candido e dorato panfilo *Cynthia*.

Quando vennero i motoscafi a trasformare i golfi e le rive e nomi come Pucci, Baby, Cin, Roby, Gilly imperversarono, il ricordo del pioniere e del suo nome maestoso parve cancellato per sempre. Ma non è mai troppo tardi per certi misteriosi ritorni, tanto è vero che non molto tempo fa scese da un treno e scivolò nell'acqua del porto uno strano battellino sul cui specchio di poppa spiccava un nome ben chiaro a grosse lettere di bronzo: *Alex Tirelli*.

Si seppe poi che si trattava di un natante da pesca, proprietà d'un guardiano del cimitero il quale, del tutto ignaro del passato, aveva utilizzato per la sua barca le lettere di bronzo recuperate da una lapide in pezzi che certamente era stata quella del povero Tirelli

Lo zio color amaranto

Mia madre aveva tre fratelli, tra i quali Secondino, che conosceva poco, perché nata quando lui, seguendo la strada di tanti altri suoi conterranei, era già andato a far parte della colonia di ombrellai del Lago Maggiore impiantata a Torino.

Secondino, che tornava al suo paesello di campagna solo per le feste di Natale, verso i venticinque anni aveva sposato una coetanea di mia madre, Agnese, ma non se l'era portata a Torino, dove viveva in un sottotetto insieme a quattro o cinque altri ombrellai.

Dopo il matrimonio, Secondino tornò a casa non solo per Natale, ma anche per la sagra del paese, per Pasqua e per Ferragosto. In seguito a una di quelle visite, Agnese divenne madre d'una bambina. Quando la bambina, nominata Teresa, ebbe dieci anni, Secondino aveva già diradato da tempo i suoi soggiorni in famiglia. Compariva solo per Natale e ripartiva dopo il Capodanno.

Voci, passate da un ombrellaio all'altro, giunsero da Torino fino all'orecchio di mia madre che viveva anche lei lontana dal paese nativo ma sempre attenta ai casi della sua famiglia. Erano voci perplesse, reticenti, lasciate cadere con circospezione, secondo le quali lo zio Secondino non faceva fortuna. Diversamente dagli altri ombrellai che dopo qualche anno di tirocinio aprivano laboratorio o bottega, lui non era ancora riuscito a togliersi da un locale a pianterreno, dentro un cortile, dove aveva un letto, un fornello a petrolio per farsi da mangiare e la panchetta coi tre fori sulla quale apriva gli ombrelli da riparare. Una volta la settimana metteva il banco in piazza Castello, non tanto per vendere ombrelli, quanto per raccogliere quelli rotti che la gente gli portava da aggiustare. Guadagnava poco e non mandava quasi nulla alla moglie, che per vivere e allevare la figlia lavorava la campagna. Ma le voci andavano oltre: non solo Secondino vivacchiava malamente, ma quel poco che guadagnava lo spendeva all'osteria. Alla sera, con altri due o tre ombrellai degeneri, ambulanti o rappezzatori di ombrelli come lui, girava per le osterie fino a raggiungere, verso mezzanotte, uno stato di infusione simile a quello della polpa di manzo nel Barolo. Ma c'era ben altro: nella sua stanza a pianterreno in fondo a un cortile, Secondino non viveva solo ma, da almeno un anno, con una donna.

Davanti a tali novità, mia madre andò al paese e parlò con la cognata Agnese. Ma avendola trovata ignara e indifferente, prese su di sé l'impresa di redimere il fratello.

Un giorno d'estate, portandomi dietro per compagnia, prese il treno per Torino e alle sei del pomeriggio, tenendomi per mano, entrò in un cortile seguendo delle indicazioni che si era procurate.

Seduto fuori dalla porta, col panchetto tra le gambe sul quale era infisso un ombrello aperto, lo zio Secondino stava lavorando. Era in maniche di camicia e aveva in bocca un mozzicone di toscano spento. Mia madre gli si fermò davanti. Secondino trasecolò. Non capiva perché sua sorella, senza avvertirlo, gli comparisse innanzi col figliolo per mano. Pensò fosse accaduta una disgrazia, al paese. Depose il tenaglino che aveva in mano, gettò per terra il mozzicone di toscano che teneva nell'angolo della bocca e si alzò. Era color amaranto, per il vino che beveva da anni, ma anche per il gran caldo della giornata.

Mia madre intanto diede uno sguardo dentro la porta aperta del locale davanti al quale aveva trovato il fratello. Era là che covava il nemico. Infatti una donna di mezza età, malvestita, dall'aria stanca e dall'aspetto triste, era venuta sulla porta con un pentolino in mano.

«È la *tota* Giuseppina» disse mio zio «la sorella di Bianco, l'ombrellaio che abita nel cortile qui accanto. Viene la sera a prepararmi la minestra e verso mezzogiorno a rifarmi il letto.»

La Giuseppina non parlò. Mia madre allora entrò nel locale, che era assai pulito e ordinato. Ispezionò ogni cosa, constatò che vi era, dietro una tenda, un solo letto, così piccolo che non vi potevano dormire due persone. Aprì gli armadi, il cassettone e anche un baule, senza trovarvi gli indumenti femminili che avrebbero svelato la magagna del fratello. Quando si persuase che Secondino era in regola, prese contatto con Giuseppina e combinò addirittura di andare a dormire, con me, in casa sua, nel cortile vicino, dove l'ombrellaio Bianco aveva laboratorio e abitazione, nella quale viveva con la moglie, due figli e la sorella nubile. Quindi, poiché ormai le era rimasto da affrontare solo il guaio delle bevute serali del fratello, alle quali non sapeva come trovar rimedio, mia madre pensò di profittare del viaggio per mostrarmi Torino, cominciando dalla Mole Antonelliana. Mi portò al Valentino, lungo il Po e in tutte le chiese che trovò aperte.

Contenta di aver trovato il fratello in piena regola o quasi, le bastò che nelle due sere nelle quali rimase con me a Torino, suo fratello dopo cena stesse con lei dai Bianco, quasi a dimostrazione e a conferma di quanto le aveva assicurato, cioè che faceva un po' tardi solo il sabato sera e che in quanto al bere si trattava al massimo di due bottiglie, divise in quattro o cinque amici. Come mai avesse il viso color amaranto, gli occhi acquosi e la fronte sempre sudata, era cosa, disse Secondino, che si spiegava col gran caldo dell'estate e col fatto che il poco vino che si concedeva, invece di scendergli nello stomaco gli saliva alla testa e gli si diffondeva sul collo e sulla faccia. Gran fortuna, spiegò, perché in quel modo l'alcool evaporava subito e gli usciva dal corpo senza fargli danno.

In verità Secondino era un filtro, un radiatore, un evaporatore di Barbera, destinato all'infusione totale, che avvenne tuttavia quando, ormai vecchio, era tornato al paese, sopra i colli del basso Lago Maggiore. Bevitore esperto, aveva saputo crogiolarsi nel vino senza gravi conseguenze, affogandovi la sua poca fortuna nel commercio e ogni altro vizio o scostumatezza che la vita in città, lontano dalla moglie, avrebbe potuto consentirgli.

Le uova di Vasselowski
e il violino di Kollet

Nei paesi del Lago Maggiore, è sempre capitato che dei personaggi magari illustri comparissero un giorno, come naufraghi di chissà quali mari, in cerca di un luogo adatto a passarvi l'ultima parte d'una combattutissima vita. Di due in particolare, finiti a Luino, ho assai preciso ricordo: Fredrik Karl Kollet e Alessandro Vasselowski, che a qualche distanza di tempo l'uno dall'altro vennero ad appollaiarsi su quel colle o piccolo altopiano detto del Tiro a segno, pressappoco tra le vie Lugano e il parco della Villa Crivelli. Un pianoro a mezza costa allora disabitato, nel cui mezzo, affondata in una depressione, sorgeva la casa o cascina del Fat, un contadino al quale era stato dato quel soprannome, che nel nostro dialetto significa insipido, senza sale, e nel suo caso "senza sale in zucca". Aveva egli infatti, alcuni anni avanti, abbandonato moglie e figli per andare in America a cercar fortuna. Tornato, dopo breve tempo, a casa e datosi alla coltivazione dei campi, non aveva potuto sfuggire al giudizio dei luinesi, che l'avevano soprannominato convenientemente.

Chi andava, una volta, al vecchio Tiro a segno, ormai da tanti anni abbandonato, appena dopo i cancelli della Villa Carnella, superata una breve salita, vedeva in basso a sinistra, oltre una siepe di mirto, la cascina del Fat, con l'aia, il fienile e la stalla. Il Tiro a segno era un centinaio di metri più avanti, sulla destra, alla fine di una mulattiera. Di fronte si ergeva il nudo colle detto delle Grotte garibaldine, oggi cosparso di villette, ai piedi del quale arrivava la vasta e ondulata campagna del Fat, coltivata a prato e a granoturco, con qualche filare di uva americana e di clinto, meli, peri e noci sparsi. Vicino alla cascina, letamaio, orto e pollaio articolavano variamente quella bassa costruzione, simile a una fazenda argentina più che una delle nostre case rurali.

Verso nord la campagna del Fat confinava col bosco della Contessa Crivelli, soprastante la strada di Colmegna nel tratto che va dalla fine del parco al primo casello ferroviario dopo la galleria.

La terra del Fat era in alto, dietro il bosco. Una conca di smeraldo, almeno a ricordarla, un giardino delle Esperidi, pieno di dolci pomi, di fichi con la goccia, di uve nereggianti e con invitanti piante d'albicocche, in dialetto dette *mugnag*, deformazione di *armeniaca*, *prunus armeniaca* o d'Armenia. Una pianta dai frutti globosi e oblunghi, solcati lievemente da un lato e di forma assai prossima alla prugna, sua cugina e compagna nel venir assomigliata a nascoste protuberanze muliebri, sognate non meno di quei caldi frutti da chi, giovane a quei tempi, gironzolava intorno alle case del Fat o le spiava dai boschi circostanti per irrompere nel piano a rapinar frutti, quando era possibile localizzare il proprietario su qualche greppo lontano a legar tralci o a tagliar fieno.

Una mattina di settembre, forse del 1938, ai margini della campagna del Fat e sul limitare del bosco che strapiomba sulla strada di Colmegna, un signore sui sessant'anni dagli occhi azzurri e dall'aria disinvolta misurava con l'aiuto di un geometra una striscia di terreno che aveva appena comperato.

Quello stesso mese, proprio sul ciglio del bosco, venne iniziata la costruzione di una casetta senza pretese, con l'orto di fianco. Era l'abitazione dove avrebbe vissuto il resto dei suoi giorni il tenore Alessandro Vasselowski, celebre artista russo un po' in ribasso, che si applicava all'orto e al pollaio, ma sempre con l'orecchio teso a qualche occasione per tornare sui palcoscenici. Vasselowski stringeva amicizia a Luino, riceveva curiosi ai quali mostrava i suoi trofei, si familiarizzava con tutti. Amava darsi arie da contadino, al punto che finì col fare, del suo villino, un grande pollaio, con una tale produzione di uova da trovar conveniente metterle in commercio, provvedendovi direttamente, con la stessa disinvoltura che aveva sulle scene. Al mercoledì montava un banchetto al mercato di Luino, dietro il quale si teneva con un bel sorriso in attesa dei clienti.

Una decina d'anni prima, verso il 1928 o 1929, un altro signore della stessa età anche lui con gli occhi azzurri ma tedesco era apparso in vista delle case del Fat. Veniva, attraverso i boschi, dalla strada del Poppino e dalla località Lazzaretto, dove sorge ancora la cappella "a ricordo de' miseri – dalla peste colpiti". Andava in cerca d'un terreno per costruire una villa. Lo trovò ai margini della campagna del Fat, sui primi salienti delle Grotte garibaldine, appena sopra alla villa d'una signora Bossi, anche lei tedesca, insediata da tempo in quel luogo solitario. Concluso l'acquisto, il tedesco, che si chiamava Fredrik Karl Kollet ed era pittore, tirò fuori un incredibile progetto e trovò un capomastro che osò realizzarlo. Sorse così una casa simile a un fortino, con feritoie orizzontali, finestre lunghe e basse oppure alte e strette, a seconda che inquadravano la punta di Germignaga e il lago, la vetta piramidale del Lemidario o, verso levante, il Sette Termini e il Pian della Nave. Dentro vi era una sala per musica, uno studio da pittore, alcuni ripostigli e due o tre cellette su diversi piani. Al piano terreno, nell'atrio, era installato un torchio calcografico.

Col tenore Vasselowski ebbi occasione di parlare un paio di volte: veniva da mio padre a imparare la tecnica degli innesti per i suoi alberi da frutta, che gareggiavano con quelli del Fat. Diceva di aver cantato nei maggiori teatri e d'essere ancora attivo come artista lirico. Infatti andava spesso a Milano e in altre città d'Italia. Era un uomo gioviale, sano, allegro. Viveva con la moglie, forse anche lei russa.

Col pittore Kollet ebbi maggiore famigliarità. Usciva allora una rivista edita dall'Ente Provinciale per il Turismo: "La Provincia di Varese". Mi feci incaricare d'un articolo sul Kollet e andai a trovarlo per pura curiosità. Dovetti prima passare al vaglio della signora Bossi, che dopo avermi esaminato mi condusse dall'artista, che viveva solo come un eremita. Vidi quadri, disegni, litografie, ritratti, che parevano d'un pittore del Cinquecento, un Dürer o un Grünewald. Rimasi, nella mia ignoranza, stupefatto. Portai via alcune fotografie e scrissi l'articolo, illustrato, che uscì con sua moderata soddisfazione. Quando glielo portai, mi regalò due litografie che sembravano due sanguigne, disegnate perfettamente: il ritratto d'una vecchia matta di piazza San Francesco, certa Caterina, e quello di una giovane contadina che abitava nella zona del Lazzaretto o del Gaggio.

Durante quella visita il Kollet volle darmi un saggio delle sue capacità musicali. Fece sedere al pianoforte la signora Bossi e impugnato un violino, eseguì vari pezzi. Era un uomo di alta statura, dal volto scavato e dai capelli biondi, che nei colpi d'archetto gli spazzolavano la fronte. Parlava sufficientemente l'italiano, ma era di poche parole. Si poteva vederlo, nei giorni di mercato, a Luino, con un sacco da montagna vuoto sulle spalle, forse a far provviste. Se ne stava solo nella sua fortezza, a rispettosa distanza dalla signora Bossi, che aveva la casa ai piedi del colle. Una casa bassa, civettuola, con piccole finestre assiepate di gerani, bei mobili, tappeti, qualche quadro del Kollet, piuttosto terribile, a contrasto con dolci paesaggi di artisti ottocenteschi. Che rapporto corresse tra i due, era difficile stabilire. Si sapeva soltanto che la signora Bossi, vedova di un tedesco proprietario di una casa discografica, aveva un figlio che viveva per conto suo in un cascinale di Bedero: un bel giovane sulla trentina, chiamato Metello, che scendeva spesso a Luino dove camminava per le strade a testa alta, come se traversasse il paese per andare nell'Olimpo o in qualche altro posto fuori dal mondo.

Dopo la guerra nel 1946 o 1947 tornai a far visita al Kollet. Era diventato più socievole e perfino sorridente. Mi mostrò una serie di disegni e di tempere, che avevano per soggetto gli orrori della guerra. Dipingeva sempre all'antica e diceva di non aver nulla da vendere, perché il suo mercato era in Germania. Da allora non venni a sapere più nulla di lui, mentre del Vasselowski seppi che era morto, in età avanzata.

Del Kollet si pensava che fosse una spia, come sempre accadeva nei paesi quando vi appariva qualche tipo originale. Del Vasselowski si disse, e forse era vero, che era un contadino con un dono di voce sufficiente ad aprirgli una carriera di cantante.

Di quei due nostri antichi ospiti è ormai difficile trovar memoria. Solo un tal Ruggero Rosina di Germignaga, suo allievo di canto, si sentì in obbligo di ricordarlo "con affetto e preghiere" quest'anno, forse nel ventennale della morte.

I ladri di Milano

Tra il 1920 e il 1923, per memoria precisa di più persone, ma certamente da più antica data, venivano ogni anno a Luino per Ferragosto da duecentottanta a trecento ladri di Milano. Il numero pieno di quegli anni era di trecento, ma ne mancavano sempre alcuni, all'incirca una ventina, impediti dal fatto di trovarsi in carcere o trattenuti in città da altri guai, come malattie, infortuni, processi.

I ladri di Milano arrivavano con le famiglie in treno e in gran parte si fermavano a Luino. Quelli che non trovavano posto nelle osterie e nelle poche camere ammobiliate disponibili diramavano per le valli circostanti, fino a Dumenza, a Marchirolo o in Valcuvia. I fortunati che si piazzavano a Luino, ed erano forse i più anziani e autorevoli della compagnia, si godevano il lago dove andavano a bagnarsi con le mogli e coi figli anche a ore pericolose, come le due o le tre del pomeriggio, di modo che ogni anno almeno uno di loro, o almeno un loro figliolo, finivano annegati, o per l'inesperienza del nuoto o più facilmente per un malore provocato dal freddo dell'acqua a stomaco pieno. Era un tributo che veniva pagato ogni anno dai ladri a Ferragosto o, un po' prima, dai comuni villeggianti, per Sant'Anna, giorno ritenuto propizio ad essere inghiottiti dal lago, tanto che per Sant'Anna i luinesi non si staccavano da riva.

I ladri di Milano erano borsaioli, scassinatori, operatori del piede di porco e del grimaldello, taccheggiatori e ladri di biciclette. Un occhio esperto li poteva riconoscere per ladri dalle facce impallidite nell'ombra delle prigioni, dall'atteggiamento delle loro lunghe mani, che portavano penzoloni e inerti nell'inoperosità quasi per farle riposare, dal loro modo di parlare girando gli occhi e senza muovere la testa.

Era tutta gente che col rubare non arricchiva, ma soltanto campava la vita. Le loro mogli si conoscevano e da un anno all'altro si ritrovavano durante la villeggiatura, si informavano di come era andata l'annata, dei guadagni, delle carcerazioni inevitabili e del buon andamento della figliolanza. I loro figli erano tutti destinati, e avviati, a diventar ladri. Il ladro professionista non può infatti mettere i figli per altra strada, pena in contrario d'essere mal giudicato e magari ripudiato. Deve, per giustificare se stesso, trasmettere alla propria discendenza, insieme ai segreti del mestiere, un certo orgoglio di classe.

Durante la vacanza di Ferragosto la compagnia dei ladri di Milano, tanto a Luino che nelle campagne, osservava l'onestà come i frati osservano il digiuno del tempo di Quaresima. I ladri pagavano puntualmente nei negozi e nelle osterie, rispettavano la frutta sugli alberi e tenevano d'occhio i figli perché non si azzardassero anche al più piccolo rubalizio. Nessuno si persuadeva che fossero dei ladri: li credevano operai, giornalieri dei mercati, facchini o gente senza un mestiere preciso, di quella che riesce a vivere nelle città con piccoli incarichi e prestazioni saltuarie. Invece erano proprio i ladri di Milano al completo, riuniti in corporazione, che forse da secoli avevano scelto Luino per la gita sociale di Ferragosto.

La gente del paese, quasi contenta di quell'invasione annuale, li considerava buoni clienti e apprezzava i vantaggi di quella prima forma di turismo di massa che si dirigeva alla loro volta.

I ladri di Luino, e ce n'era un bel numero, non prendevano contatto coi loro colleghi cittadini che certamente riconoscevano al fiuto o per averli incontrati nelle prigioni: fingevano di ignorarli, e se qualcuno li interpellava su quella strana compagnia di villeggianti, si stringevano nelle spalle come per dire che non a loro bisognava indirizzarsi per simili informazioni.

Finita la settimana di ferie, i ladri di Milano partivano con le loro famiglie riempiendo un paio di treni. Tornavano a casa, alle loro fatiche, ristorati dalla breve vacanza e con una riserva di aria buona che avrebbe compensato l'asfissia delle stie di San Vittore, dove in buona parte finivano per qualche mese, tra un'estate e l'altra.

Ma venne un anno che per Ferragosto il ladro più anziano, forse il capo perché un capo la compagnia lo doveva avere, invece di divertirsi come gli altri, cominciò a girare per le botteghe e a prendere informazioni sul commercio locale. Aveva intenzione di rilevare un negozio e si capiva che i danari non gli mancavano.

Finì, dopo molte trattative, per comperare una drogheria in via 2 Agosto, nella quale mise al banco il proprio figlio, un giovane che non voleva saperne di fare il ladro.

Quel buon padre si era deciso ad accontentare il figliolo dopo avere invano sperato, e atteso, di metterlo nel suo mestiere. E non solo accontentò il figlio, ma smise anche lui di stare con i ladri come capo o maestro e si ritirò con la moglie a vivere nell'appartamento sopra la drogheria. Si faceva chiamare signor Plinio, ed era la persona più discreta del mondo. Ci vollero degli anni perché si venisse a sapere attraverso gente di Milano che era stato ladro sull'Orient-Express e che dopo una lunga carriera aveva preso la presidenza della compagnia dei ladri di Milano.

Il signor Plinio era alto, magro, un po' curvo, bianco di capelli, con gli occhi chiari e lo sguardo freddo di chi non soffre, né può soffrire, nel preparare al prossimo l'amara sorpresa del borseggio. Parlava più lingue e aveva esperienza delle buone maniere. Sarebbe parso un vero signore senza quell'ombra di crudeltà che aveva perfino nel sorriso e che faceva di lui un finto signore, un uomo brutale in fondo, col fisico del gentiluomo.

A cominciare dall'anno successivo a quello in cui il signor Plinio si era fissato con la moglie e con il figlio a Luino, i ladri, con meraviglia di tutti, non vennero più a passare la settimana di Ferragosto al nostro paese. Si diceva che avessero scelto una nuova località: Erba, o un altro grosso paese della Brianza. Forse per rispetto al loro capo, per non disturbare la sua tranquilla vecchiaia e il commercio di suo figlio, gli amici cambiarono aria.

Il signor Plinio, che era stato uno di quei ladri detti "in guanti gialli", fece di tutto per far dimenticare il suo passato, o meglio per non lasciarlo trapelare. E infatti nessuno seppe mai quanto c'era di vero in quel che si diceva sul suo conto. Ma è un fatto che egli parlava di Parigi, di Sofia, di Atene e di Istanbul come di Porto Valtravaglia, di Gavirate o di Varese: segno che in quelle grandi città toccate dall'Orient-Express ci era stato mille volte, non certo come turista o cameriere. Il percorso del gran treno internazionale era stato l'itinerario della sua avventurosa giovinezza e il campo di azione d'una carriera di ladro che il figlio non aveva voluto continuare, preferendo stare nell'odore del caffè e dello stoccafisso, dentro lo scuro fondaco di via 2 Agosto. Il figlio, infatti, in quella bottega passò la vita fino ai tempi dell'ultima guerra quando, morti i genitori, cedette il negozio e si ritirò in campagna a coltivare un bel podere che aveva comperato, certamente non coi soldi guadagnati nel commercio, ma con quelli predati dal padre nelle tasche e nelle valigie dei viaggiatori dell'Orient-Express.

La povera Iride

– La mia famiglia – diceva tanti anni or sono il mio amico Ippolito Ognibene – si può dire che non sia mai esistita come tale.

Ippolito si esprimeva in quel modo, un po' da tecnico, quale voleva diventare e sarebbe certo diventato se non fosse morto in Russia, nella seconda guerra mondiale, o meglio andato "disperso", secondo la definizione ufficiale. Fin da ragazzo, infatti, aveva manifestato l'intenzione d'iniziare, da grande, una carriera nella Marina Mercantile come radiotelegrafista. Erano i tempi di quel Biagi, radiotelegrafista della spedizione di Umberto Nobile al Polo Nord, che con un apparecchio di fortuna era riuscito a segnalare la posizione dei superstiti del dirigibile *Italia* caduto sulla banchisa e poi, sulle sue indicazioni, portati in salvo.

Il racconto dell'Ognibene, a differenza di altri che mi fece per liberarsi dei rimorsi che gli avevano lasciato certe tresche con donne sposate, fu una vera confessione, che mi versò nel cuore come un testamento o una rivelazione, da conservare e magari da tramandare, a ricordo di un povero giovane di provincia che si sentiva avviato a un triste destino.

Un pomeriggio, mentre stavamo seduti fuori dal solito caffè in un angolo morto dei portici non sfiorato dal passeggio, Ippolito mi posò una mano sull'avambraccio che avevo steso sul tavolino e guardandomi negli occhi incominciò la sua confessione:
– La mia famiglia si può dire che non sia mai esistita come tale.

– Mia madre Iride Rabuffetti – continuò – mi ha messo al mondo da nubile, quando aveva diciassette anni. Un esercente, proprietario d'un negozio di tessuti, l'aveva sedotta, come si diceva allora, ma essendo ammogliato non poté sposarla. Si chiamava Giuseppe Ognibene e non aveva figli, ma non osò affrontare l'opinione pubblica. Più tardi disse che si era tenuto coperto per riguardo alla moglie che era ammalata. Come figlio di nessuno, venni allevato nel retrobottega di mio nonno, che aveva un negozio di maglierie di fianco a quello dell'Ognibene. Il nostro retrobottega, come quello dell'Ognibene, dava su un cortile interno nel quale si aprivano i magazzini e i depositi dei due negozi. Fu in uno di quei magazzini, sopra un sacco di lana per materassi, che io venni generato clandestinamente, in pochi minuti. Presi, nascendo, il cognome di mia madre, Rabuffetti.

«Iride, cos'hai?» le chiedeva dieci volte al giorno il nonno man mano che la vedeva cambiar forma. La teneva, dopo i primi mesi di gravidanza, nel retrobottega, dove c'era un cucinino e dove mangiavano mezzogiorno e sera. Le camere erano al terzo piano, sullo stesso pianerottolo dell'appartamento abitato dall'Ognibene.

Che la faccenda fosse avvenuta nel magazzino, venne in chiaro alcuni anni dopo, perché mia madre, per quanto messa alle strette dal nonno, dal prevosto e dalla zia Urania di Milano, non si lasciò cavare di bocca il nome dell'Ognibene e tanto meno le circostanze del suo ingravidamento. Il nonno, che essendo vedovo si sentiva responsabile della integrità di sua figlia, non si capacitava dell'accaduto anche perché la sua Iride, che non era per nulla una bellezza, non usciva mai sola e non aveva mai avuto intorno corteggiatori o cascamorti.

"Ma chi può aver profittato" si chiedeva "di una mezza donna come questa! Cosa ci ha mai trovato!"

L'Ognibene, quando mia madre gli fece sapere in quali condizioni si trovava, le aveva detto di star zitta, di non confessare a nessun costo il vero, che poi, quando fosse morta sua moglie, malata d'un brutto male, l'avrebbe sposata facendo credere a mio nonno che voleva compiere una buona azione, darle uno stato e adottarne il figlio per completare l'opera. In una parola intendeva, nella sua gran bontà, far da padre alla Iride e da nonno a me. L'Ognibene aveva allora quarantacinque anni: ventotto più di mia madre.

Quando compii tre anni, la moglie dell'Ognibene morì e il progetto ebbe esecuzione. Mio nonno non vòleva credere a tanta fortuna. Fu tale la sua gioia, che morì anche lui, poco dopo le nozze della figlia.

Per me si dischiudeva un discreto avvenire: il negozio dei tessuti e quello della lana, con gli appartamenti sovrastanti e i magazzini, sarebbero finiti in mia mano. Quasi tutto lo stabile al numero 8 di via Volta, potevo considerarlo mio, dalle cantine al tetto. A due anni di età ero ricco senza saperlo, ma un paio d'anni dopo ero povero. Mia madre, che aveva ventitré anni, si innamorò di un certo Del Coco, lanciatore di coltelli, che aveva conosciuto nel negozio di tessuti. Il Del Coco faceva il suo numero in una compagnia di varietà che era venuta nella nostra cittadina a tenere tre rappresentazioni. Un pomeriggio entrò nel nostro negozio per comperare un taglio d'abito. Tornò il giorno dopo a sceglierne un secondo e poi il giorno appresso a acquistarne un altro. Al terzo taglio mia madre, che non sapeva d'essere facile a soccombere, dev'essere caduta in una trappola. Il Del Coco le regalò un biglietto per lo spettacolo. Lei lo andò a vedere in teatro e la settimana dopo lo raggiunse a Pavia, poi a Novara, ad Alessandria e a Genova, dove ormai affascinata, si unì a lui.

Lo seppi più tardi, quando ero sui quattordici anni e, morto ormai anche l'Ognibene, vivevo in casa di suo fratello, Benigno, al quale mia madre aveva venduto i due negozi e anche lo stabile.

La povera Iride visse sei anni col Del Coco, in giro per l'Italia dapprima, poi per la Francia, il Belgio, l'Olanda e la Germania. A Dresda il Del Coco si innamorò di una americana, con la quale andò in America, abbandonando mia madre da un giorno all'altro. Tornata in Italia, l'Iride venne a cercarmi.

Il Benigno Ognibene dapprima la tenne in casa come governante, poi come convivente, ma senza risolversi a sposarla.

Un giorno mia madre mi disse che si sentiva in dovere di raccontarmi come mai se n'era andata col lanciatore di coltelli.

La pregai di raccontarmi prima la storia della mia nascita, che dalle date mi risultava anteriore di qualche anno al suo matrimonio. Fu allora che venne fuori la faccenda del magazzino.

«Era di mattina» disse. «Tuo padre...»

«Non lo era ancora!» la interruppi.

«No» ammise «ma stava per diventarlo in quel momento. Il nonno era partito per Milano e sarebbe tornato solo al pomeriggio. A me toccava aprire il negozio e badarvi fino al suo ritorno. In casa avevamo una donna di servizio che teneva in ordine i locali e cucinava. Mentre la donna rifaceva i letti, scesi in cortile, andai nel magazzino a prendere una grossa matassa di lana che appendevamo ogni mattina fuori dal negozio. L'Ognibene, che usciva dal magazzino accanto, mi vide, entrò e chiuse la porta. Già alcune volte mi aveva parlato sulle scale. Quella mattina accadde il fatto. Tre anni dopo la tua nascita, quando morì sua moglie, mi sposò e ti riconobbe per suo figliolo, come eri in verità. Se fosse vissuto, avresti avuto un padre coi fiocchi.»

Saputa la storia della mia nascita, mi venne la curiosità di sapere come mia madre fosse passata da un negoziante di tessuti a un lanciatore di coltelli.

«Il Del Coco» cominciò «non era nato lanciatore di coltelli. La sua famiglia era nobile. Barone Del Coco, avrebbe potuto farsi chiamare. Per un complesso di circostanze, a diciotto anni si trovò senza un soldo. Un famoso lanciatore di coltelli lo prese come suo servo e gli insegnò il mestiere. Impiegò dieci anni a raggiungere la perfezione. Quando mi conobbe era al culmine della sua carriera e guadagnava molto. Mi innamorai, non lo nego. Il Del Coco aveva una donna: quella che stava appoggiata all'asse dove lui tirava i coltelli. Mi promise di abbandonarla se ero disposta a sostituirla nello spettacolo: la tuta elastica, mi spiegò, era di maglia d'acciaio e l'unico pericolo era per la testa, che restava indifesa. Credevo fosse facile star ferma, ma alla prima prova cominciai a muovermi, a tremare. Ci volle un po' di tempo per abituarmi, forse un paio di mesi. Poi tutto andò bene. Stavo contro l'asse immobile come una statua. Una volta un coltello mi sfiorò l'orecchio sinistro. Con me fece dei prodigi. Una sera, a Parigi, in un locale notturno, mi mise in mutandine e reggipetto contro l'asse e tirò non meno di trenta coltelli disegnando il mio corpo sull'asse. Si lavorava non più di dieci giorni al mese nelle sale e nei teatri. Ma lui, che doveva tenersi in esercizio, passava tre ore al giorno, nelle camere d'albergo, a piantare coltelli intorno a una sagoma. Abbiamo viaggiato molto. Ho visto tutta Europa. Poi, in Germania, a Dresda, un'americana si innamorò di lui. Non era la prima che gli si offriva, ma l'americana era ricca. Il Del Coco mi disse che non ne poteva più di quel lavoro. In America non avrebbe più lanciato coltelli. Poteva fare il signore con quella donna, che aveva casa a New York sulla Quinta Strada e un ranch nell'Arizona. Ti ho lasciato che avevi quattro anni. D'improvviso ti vidi, come in un sogno, già cresciuto, che sedevi al tavolo di cucina nel retrobottega e facevi i compiti. Avevi deposto la penna e appoggiando il capo a una mano guardavi nel vuoto. Pensavi a me, che ti avevo abbandonato. Cercavi di ricordarmi. Allora ho preso il treno, ho viaggiato giorno e notte senza dormire e senza mangiare e sono corsa qui, col terrore di non trovarti più. L'Ognibene fratello di tuo padre, il Benigno, mi accolse benevolmente.»

Mia madre non era bella, ma aveva un'aria rassegnata e triste che destava molto interesse. Sempre vestita come una monaca, con camicette accollate, gonne al polpaccio e maniche lunghe, mostrava solo gli occhi, grandi e scuri sotto una fronte candida. Anche il secondo Ognibene, infatti, ne era stato subito preso e la teneva volentieri con sé.

Alla sera, quando Ognibene andava al caffè a fare la partita di terziglio con gli amici, io e mia madre restavamo soli. Allora le chiedevo di quando viaggiava col Del Coco. Nei primi tempi raccontava volentieri, parlava delle città che aveva visto, dei teatri dove aveva lavorato. Poi, cominciò a dare nel vago, a dire che non ricordava bene, che andava smarrendo i nomi dei posti dov'era stata. Capii che si vergognava del mestiere che aveva fatto e dello stesso Del Coco. Si vergognava di tutto, dell'Ognibene che l'aveva sposata e di quello col quale vivevamo.

«Se potessimo star soli insieme noi due» mi diceva «io ti servirei in tutto e non uscirei mai di casa se non per andare in chiesa.»

Aveva cominciato ad andare in chiesa, al mattino presto e qualche volta anche ai Vespri.

La casa dell'Ognibene era vasta e spaziosa. Benigno dormiva solo in una stanza vicino all'entrata. Mia madre aveva la camera lontano dall'ingresso, in fondo al corridoio, mentre io dormivo a metà strada fra i due. Più d'una volta avevo sentito lo zio Benigno che rientrando a mezzanotte, dopo essersi messo in pantofole, andava nella camera di mia madre. Si vede che la cosa era nei patti o era venuta naturale ad entrambi.

Lo zio aveva solo quattro o cinque anni più di mia madre ed era un bell'uomo, grande e grosso. Mi voleva bene come un vero padre, ma non si fidava troppo di mia madre, dalla quale pareva sempre aspettarsi qualche altro colpo di testa. Uomo tranquillo e benpensante, alquanto timido nonostante l'imponenza della sua persona, guardava mia madre come un soggetto dal comportamento imprevedibile, un'acqua cheta, di quelle che rovinano i ponti. Non aveva tutti i torti, perché la Iride stava pensando a un'altra evasione.

«Se non avessi te» mi disse una sera «mi farei religiosa, monaca e di clausura.»

Capii che la vita normale non le andava bene. Aveva bisogno di rompere ogni tanto. Di cambiar strada, come me, che già pensavo di fare il radiotelegrafista sulle navi per girare il mondo e togliermi dalla vita di provincia, che mi appariva come una palude calda e malefica nella quale correvo pericolo di affondare. Che potevo fare, finite le scuole? Stare nel negozio dello zio Benigno, come un commesso qualunque, alla sera andare al caffè, sposare la figlia d'un esercente, e invecchiare lentamente tra il caffè e il negozio?

Per cominciare a muovermi, mi diedi presto a correr dietro alle gonnelle. Avevo donne un po' dappertutto, commesse, ma anche signore di qualità. Volevo, a mio modo, contribuire a sconvolgere l'andazzo troppo pacifico della vita di provincia.

L'ultima avventura l'ho avuta con la moglie d'un industriale, padrone di un burrificio. Credo di avertela già raccontata. –

Il mio amico Ognibene, arrivato a questo punto tacque. Eravamo seduti fuori dal Caffè Cavour ed era l'estate del 1941. Dopo qualche minuto di silenzio mise una mano in tasca e ne tolse una cartolina rosa. Se la fece passare sotto gli occhi con disprezzo, la sventolò un poco e disse: «L'ho ricevuta ieri: Cartolina di precetto. Fra due giorni debbo presentarmi al 67° Fanteria di Como, caserma De Cristoforis. Andrò nei radiotelegrafisti».

Invece fu messo in fanteria e venne mandato sul fronte russo dal quale non tornò più.

Sua madre lo aspetta ancora, dopo più di quarant'anni. Ha sentito che in Siberia sopravvivono dei prigionieri italiani ed è convinta che un giorno o l'altro Ippolito tornerà.

«Non è stato dato per morto» dice «ma solo per disperso.»

È una vecchia di ottant'anni, sola, ma con una forte speranza. Della sua vita non ricorda o non vuole ricordare altro che il figlio e la sua sorte, come se avesse cominciato a vivere solo quando tornò a casa, dopo che il lanciatore di coltelli l'aveva abbandonata.

La 501 della Provvidenza

L'automobile di don Fardella era una Fiat 501 che il prete aveva avuto in regalo da un benefattore.

Al benefattore era capitato, con quell'auto, un incidente. Si era infilato, dopo un urto contro un carretto, dentro un fosso, senza conseguenze per lui e per le persone che aveva a bordo, ma con gravi danni all'automezzo.

Il meccanico, quando gli consegnò la 501 riparata, gli disse in un orecchio: «Nei suoi panni, Commendatore, questa macchina la venderei. Intanto è vecchia, poi dopo un colpo simile non si sa mai. Domani si potrebbero bloccare i freni in velocità, potrebbe cedere una balestra o rompersi lo sterzo».

Il benefattore, che aveva famiglia, decise allora di regalare la macchina a don Fardella, che aveva aperto, in quegli anni tra il 1928 e il 1930, un istituto per i figli dei barbieri morti in guerra e aveva bisogno d'un mezzo per andare e venire dalla villa nella quale aveva sistemato gli orfani.

Don Fardella viaggiava sempre con a fianco uno dei suoi orfani, per farsi dare una mano a caricare ceste di pane o di verdura. Certe volte portava, oltre all'orfano, una delle tre o quattro monache che governavano la biancheria e facevano funzionare la cucina del suo istituto.

"Con la Provvidenza che lo aiuta così evidentemente" aveva pensato il benefattore "a don Fardella non capiterà mai nulla di male, anche se la macchina può avere qualche difetto."

Dell'incidente che gli era capitato e delle previsioni del meccanico, non disse nulla al prete, per non togliergli sicurezza e anche per non guastargli il piacere di stare al volante d'un macchinone così potente e sicuro.

Dopo quasi un anno che la Fiat 501 faceva il suo servizio, un giorno, sul rettilineo della Cabianca perse una ruota. Don Fardella fece in tempo a vedersela filare davanti sulla strada, prima che la macchina desse di cozzo contro l'angolo della cascina per poi capottare in un prato.

Il prete uscì da sotto la 501 irriconoscibile, perché gli si era rovesciato addosso un secchio di marmellata che aveva caricato poco prima, ma senza nulla di grave. La monaca ruppe una gamba e l'orfano restò miracolosamente illeso.

Quando il benefattore andò in visita all'Istituto, don Fardella gli raccontò l'accaduto: «Un bagno di marmellata e tre o quattro ammaccature scomparse dopo otto giorni. Una gamba rotta a suor Giacomina e l'orfano illeso».

«È stata la Provvidenza» esclamò il benefattore. «L'automobile è un mezzo pericoloso, ma quando si ha dalla propria parte la Provvidenza, non si deve temere di nulla.»

I segreti d'un orologio

Degli orologi tascabili di casa mia, il più importante era quello dello zio Pietro, fratello di mia madre, che viveva in casa con noi, essendo scapolo e deciso a rimanere tale. Mio padre aveva un grosso Rosskopf con la cassa d'argento e la locomotiva incisa sul piatto a segno della precisione "ferroviaria" del meccanismo, ma non osava neppure accostarlo all'orologio del cognato, ricco commerciante, che aveva un Longines d'argento sottile come una parpagliola, coi numeri arabi in corsivo e un ticchettìo impercettibile. Tutto il parentado conosceva quell'orologio, famoso per la sua precisione, mai smentita da quando mio zio l'aveva comperato a Lugano, una ventina d'anni prima.

Una volta, durante una passeggiata, chiesi a mio padre che differenza passasse tra il suo Rosskopf e il Longines dello zio.

«Nessuna» rispose mio padre «il Longines sarà un po' più leggero, scivolerà meglio nel taschino, farà più figura, ma quanto a precisione non è meglio del mio. E quel che conta in un orologio è la precisione. Comunque, quel Longines è tuo.»

E ammiccò con l'occhio, per farmi capire che alla morte dello zio, il quale aveva almeno quindici anni meno di lui, il Longines mi sarebbe toccato in eredità. Della prossima fine di mio zio, che era bevitore e nottambulo, mio padre era certo. E non sbagliò, perché dopo qualche mese, all'età di quarantotto anni, lo zio Pietro morì davvero, abbandonando il Longines sul comodino da notte. Mio padre lo adocchiò subito e non lo perse di vista tutto il giorno e neppure la notte, durante la veglia funebre, finché al mattino, quando stavano per irrompere in casa i parenti venuti dal Piemonte, lo intascò. Aveva deciso di tenermelo in serbo per un periodo indeterminato, per non dire fino alla sua morte, dopo la quale, essendo io figlio unico, l'orologio non poteva più scapparmi.

Passarono gli anni, diventai adulto e l'orologio era sempre nelle mani di mio padre, che aveva appeso il Rosskopf a un chiodo. Dopo vent'anni venne la guerra e insieme, il momento in cui mi toccò salvarmi in Svizzera e rimanervi, internato, fino al termine delle ostilità.

Pensando a mio padre rimasto sotto l'occupazione tedesca, mi veniva in mente anche il mio Longines che aveva nel taschino del panciotto, e mi pareva una piccola parte di me, ben affidata e al sicuro d'ogni pericolo, tanto era ormai rispettabile e rispettata l'età di quasi ottant'anni che il mio genitore aveva raggiunto: età greve al giudizio d'ognuno e pure non estrema, perché era destinato a vivere fino ai novantasei in buona salute.

In Svizzera, dopo esser passato da un campo all'altro, pervenni in quello di Les Reussilles, nel Giura Bernese, dove fui assegnato prima al disboscamento, poi all'estrazione della torba e infine al risanamento di una palude, lavoro quest'ultimo che veniva chiamato *drenage*. Dopo varie peripezie, finii all'ospedale di Saint-Imier col pretesto di una vecchia frattura del menisco, guaio facile da lamentare e difficile da accertare.

Il direttore dell'ospedale, che aveva capito il mio segreto desiderio di riposo, mi prescrisse quindici giorni di letto. Troppi, per il mio temperamento che non sopportava soggiorni prolungati in alcun luogo e tanto meno in un ospedale. Ma mi occorse aver pazienza, per non disilludere il direttore che aveva creduto al mio menisco e voleva curarmelo a puntino. Dal letto, vicino a un finestrone, guardavo passare il giorno sulla piccola valle sottostante, aspettavo ad ore fisse il passaggio del treno in mezzo ai prati e le solite apparizioni delle infermiere. In quella noia, in quelle attese di nulla, sentivo la mancanza di un orologio che mi aiutasse a seguire il lento corso del tempo.

«Pensare» dicevo al mio vicino di letto «che a casa ho un Longines!»

«Un Longines?» gridò il malato che era svizzero e di quei paesi del Giura. «Vous avez un Longines, chez-vous?»

E sorridendo per il gran compiacimento, mi rivelò di essere orologiaio montatore proprio alla fabbrica Longines.

«Ma dov'è la fabbrica dei Longines?» gli domandai.

«Eccola laggiù» rispose. «In mezzo a quei prati.»

E mi mostrò nella valletta una smilza costruzione, con cuspidi e guglie alla francese.

Rimasi esterrefatto al pensiero che l'orologio di mio zio, ancora in moto nel taschino di mio padre, era venuto di lì, e che io, senza saperlo avevo rifatto la sua strada, quasi in cerca della sua aria nativa. Incuriosito e desideroso di saper tutto sui Longines, domandai donde venisse quel nome.

«Dalla località, da quei prati, chiamati Les Longines fin da prima che vi sorgesse la fabbrica degli orologi» mi spiegò il malato.

Ma da che avesse origine quel nome, non seppe dirmi. Tanto che cominciai a far inchieste, domandando ai medici e alle infermiere, sempre senza risultato. Finii per persuadermi, e credetti d'aver fatto una vera scoperta, che il nome di Les Longines fosse venuto a quei prati dalla loro posizione, lontana tanto dal paese di Saint-Imier che da quello di Sonvilier.

Habere agros longinquos diceva Cicerone, cioè avere i campi lontani. Quindi il nome veniva dal latino, per antica denominazione forse dei tempi di Giulio Cesare, poi stravolta in *longines, les longines*, intendendo quei luoghi discosti dall'abitato, una volta coltivi o anche allora prativi e certamente pregiati come pascolo e più ancora come terre piane, adatte alle grandi fienagioni.

Mentre i giorni della mia degenza nell'ospedale passavano, ormai pacificato, guardavo in basso ad ogni ora i prati verdeggianti che si stendevano tra foreste nere d'abeti. Cercavo in mezzo a quel verde la piccola fabbrica con le sue cuspidi allegre, piena di bilancieri, di rotelline, di sfere e di quadranti, e mi pareva di sentire nell'aria, come un bisbiglio, il ticchettìo leggero dell'orologio che mio padre aveva in tasca, al mio paese, sulle rive del Lago Maggiore.

Il profugo si scaldò
nella casa di Dio

La sera del venticinque gennaio 1944, insieme a due altri profughi, fui accompagnato da una scorta militare nella Casa d'Italia di Bellinzona. Ero, con gli altri due, tutto quanto aveva dato in fatto di fuggiaschi la frontiera italiana nelle ultime ventiquattr'ore.

La Casa d'Italia di Bellinzona, già luogo di riunione e di svago per gli italiani residenti in quella città, era stata adibita a centro di raccolta per internati razziali, militari, politici e anche di incerta definizione, che nei giorni seguenti sarebbero passati al vaglio della polizia e destinati ai campi di lavoro, agli accantonamenti militari o alle case di riposo, a seconda della loro provenienza, condizione, età e stato di salute.

Quando fui immesso nel salone-dormitorio, come un pollo appena comperato e introdotto nel pollaio, brancolai tra facce ignote, finché un autorevole personaggio, seduto al centro di un cerchio intorno alla stufa, mi chiamò a sé. Tolse la berretta che aveva in capo e si presentò: «Ingegner Alberto Salmon». Mi fece sedere accanto a lui e mi chiese se ero disposto ad uniformarmi all'uso di quella compagnia, dove ogni nuovo arrivato raccontava la storia della sua fuga dall'Italia. Incominciai dicendo che venivo da una città di Lombardia, della quale pronunziai chiaramente il nome. Come nell'inferno dantesco la loquela del Poeta, che ne manifesta la patria, fa sorgere dall'avello Farinata, così le mie parole riscossero un uomo alto e corpulento che stava disteso in uno dei pagliericci allineati lungo le pareti.

«Chi viene da quel luogo?» chiese con voce profonda alzandosi dal suo giaciglio.

Gli andai davanti, ma non lo riconobbi. Neppure lui riuscì a incasellarmi in qualche modo.

Il signor Giacomo Perissinotti, tanto per dargli un nome, che in quanto a età poteva essere mio padre, mi disse di aver lasciato l'Italia e la famiglia per timore dell'arresto e della persecuzione che si era iniziata da tempo contro i presunti avversari del regime. In gioventù aveva fatto parte del Partito Popolare e anche sotto il regime fascista non aveva temuto di farsi vedere dietro le processioni e sulla soglia delle sacrestie. Alla fine del 1943, avendo partecipato alla ricostruzione del suo defunto partito, si trovò compromesso al punto da ritener prudente scavalcare la frontiera e riparare in Svizzera.

Dopo poche parole l'uomo mi fece posto accanto al suo pagliericcio e mi prese sotto la sua protezione. Mi accorsi infatti che era, senza che nessuno lo avesse nominato tale, una specie di capocampo, un'autorità alla quale ebrei e cristiani, militari e borghesi, giovani e vecchi, si sottomettevano spontaneamente. Ogni mattina si alzava prima della sveglia per non lavarsi a torso nudo in mezzo agli altri. Dopo le pulizie, incominciava un lungo andirivieni dentro un gioco di bocce abbandonato compreso nella nostra recinzione, a testa bassa, mormorando preghiere una dopo l'altra e leggendo spesso in un libro di divozione che teneva, con l'indice dentro, nelle mani incrociate sul ventre. Nel luogo della sua passeggiata, veniva raggiunto dal rabbino Davide Gallico, che anche lui con una Bibbia tra le mani camminava innanzi e indietro recitando salmi a mezza voce e inchinandosi quando incrociava il Perissinotti, che gli rispondeva con un cenno del capo.

La compagnia di quei giorni, una cinquantina di persone in tutto, fu presto smembrata e sparsa per tutta la Svizzera. A me toccò il primo trasferimento a Lugano insieme al Perissinotti e a pochi altri, con i quali ebbi in comune la mensa e il dormitorio. Anche a Lugano, i vecchi e i nuovi compagni riconobbero l'autorità del Perissinotti, sempre pronto a sacrificarsi per gli altri ma capace di ottenere da tutti disciplina e buon comportamento, vale a dire osservanza degli ordini superiori, probità di vita, bando al turpiloquio e alla bestemmia e in qualche caso partecipazione alle sue preghiere serali e mattutine.

«Mi meraviglio» disse un giorno a dei nostri compagni che raccontavano in cerchio le solite storielle «di sentire simili sconcezze da gente che ha affidato la propria salvezza a Dio e che alla mercé di Dio ha lasciato, in Italia, figli o genitori.»

Era quasi un sollievo, uno scarico di responsabilità, avere un simile rammentatore della nostra condizione di profughi e di scampati, un uomo capace di richiamarci alla serietà della vita davanti all'ignoto che attendeva ognuno di noi, in quei tempi in cui non si sapeva come sarebbe finita la guerra e come si sarebbe aggiustato il mondo.

Nessuno si permise mai di rimbeccarlo o di deriderlo, come sarebbe stato facile a qualche soggetto irrispettoso o sacrilego che certo si nascondeva tra di noi. Poteva bastare rispondergli con una parolaccia o colpirlo con un nomignolo, tanto è fragile il prestigio di un uomo in simili circostanze. Ma non accadde mai.

Un mese dopo, da Lugano fui trasferito, con un gruppo nel quale si trovò anche il Perissinotti, a Busserach nel Cantone di Solothurn: un altro campo di smistamento, forse l'ultimo prima dell'assegnazione ai campi di lavoro. Busserach era un paesello sepolto nella neve, all'imbocco di una gola nera di abeti. Gli internati, chiusi in un vecchio filatoio, venivano occupati nella sbucciatura delle patate e nei lavori di pulizia che duravano tutta la mattina.

Fu a Busserach che dopo quasi due mesi d'internamento ebbimo la prima ora di libertà. Durante una passeggiata a Erschwil, un paesino sperso tra quelle gole, le guardie ci permisero di sciogliere le righe. Tutti corsero nelle due osterie del luogo, chi a bere, chi a mangiare e chi solo a riscaldarsi, a seconda dei soldi disponibili.

Non avendo soldi e parendomi quasi caldo il sole di quel pomeriggio di febbraio, me ne andai a girare il paese, finché trovai la chiesa, circondata da piccole tombe e col campanile dalla guglia acutissima appoggiato al fianco. Incuriosito, entrai per vedere l'interno. Non c'erano che panche di legno chiaro. L'altare era spoglio e senza statue. Mi accorsi di essere stanco e sedetti su una delle prime panche, vicino all'altare. Poco dopo, mentre dormicchiavo in quel silenzio e in quel freddo, sentii sbattere la porta d'entrata. Qualche parrocchiano doveva essere entrato per una visita. Infatti poco dopo la porta sbatté di nuovo. Mi volsi e vidi la navata deserta. Sentendomi mezzo congelato, mi alzai e andai in cerca della prima osteria dove rimasi senza prender nulla fino all'ordine di adunata e di partenza.

Camminavo nella neve in mezzo agli altri oramai in vista del campanile di Busserach, quando mi trovai di fianco il Perissinotti che mi rivolse la parola: «Con tutto quello che hanno sofferto e soffrono» disse alludendo ai nostri compagni «la prima volta che hanno avuto un'ora di libertà sono corsi tutti all'osteria. Non uno che abbia sentito il bisogno di andare in chiesa. Solo lei...».

«Ci sono andato» tentai di rispondere «per pura curiosità. E poi perché non avevo i soldi da spendere all'osteria.»

«No, no» tagliò corto senza lasciarmi dire altro «lei era in chiesa, e questo vuol dire tutto. Glielo dico io. E le dico anche questo: Lei non finirà mai male!»

Allungò il passo, mi staccò e andò a camminare in testa alla colonna, da quel capo che sentiva di essere e che era. Una settimana dopo venne liberato dal campo. Qualcuno aveva garantito per lui, che poté tornare in Canton Ticino ad aspettare la fine della guerra in un piccolo albergo.

Tenni per buona la sua profezia, ma non lo rividi più, sebbene nel corso del 1945 fossimo tornati entrambi nella nostra città, dove una diversa vita, diverse occupazioni e un nuovo e imprevisto scompaginamento dei rapporti umani non ci offrirono mai l'occasione d'incontrarci.

1945: mezzi di fortuna

Il treno da Milano per Piacenza fermava, come era indicato sugli orari, alla "Cantoniera n. 126, sponda lombarda del fiume Po". Alla Cantoniera il treno si svuotava e subito un corteo di gente carica di bagagli si muoveva verso il ponte: quel lungo ponte in ferro dei viaggi d'anteguerra, che rullava nella notte sotto le ruote dei treni per chi usciva di Lombardia e che era finito ingrovigliato dentro il fiume. Molti traghettavano in barche stracariche, altri si arrampicavano su carretti a due ruote tirati da un cavallo o da un asino, che faceva servizio sino al ponte in barche e compivano un viaggetto di due chilometri a scosse e sobbalzi. S'inoltravano per le sodaglie ancora segnate dalle piste di guerra, costeggiavano il gran fiume in magra e sul greto passavano davanti a gruppi di carri armati scheletriti dai quali neppure un chiodo era più asportabile. Le bocche da fuoco guardavano in alto o erano fisse verso il terreno, arrugginite e inermi. La lunga fila dei barconi che reggeva la passatoia di legno era a valle del ponte distrutto che si vedeva lontano coi monconi protesi verso la corrente. Il ponte in barche era solido e lo percorrevano pedoni e automezzi; tra le chiatte catramate scorreva via l'acqua terrosa mormorando, e uno spirito romantico sarebbe arrivato a distinguere le note di un'antica canzone di guerra e d'invasioni.

La colonna dei viaggiatori, passato il ponte, si sparpagliava dentro la città di Piacenza, ma si ritrovava quasi intatta al posto di blocco dove la Polizia Stradale fermava tutte le macchine e su quelle che avevano ancora posti liberi tentava di far salire qualche viaggiatore. L'imbocco della Via Emilia era occluso da una folla in attesa. Arrivavano gli autocarri e le automobili: i colli si protendevano, le donne coi bambini si facevano avanti, qualcuno saliva, cento restavano a terra seduti sulle valigie. Gli "alleati" passavano veloci con gli automezzi vuoti e non caricavano: solo qualche ragazza, caso mai, lungo le strade.

In un'osteria della periferia si contrattavano dei passaggi. Io combinai per Reggio, altri per Bologna e Forlì; alle due di pomeriggio si partì su un vecchio autocarro. C'era una famiglia intera con padre, madre e poppante, vecchio, bambini e bagagli. Andavano a Cerignola nelle Puglie e non sapevano quando sarebbero arrivati. C'era un prete, una ragazza, tre soldati e una banda di cinque ragazzi. Il camion, col suo carico esuberante passò diritto dal posto di blocco e infilò la Via Emilia. Lunga, diritta, nera d'asfalto sotto il sole, la via del console Emilio taglia la pianura e ricorda quel segno netto che la indica sulle carte geografiche d'Italia come una linea retta che va dal centro della pianura fino al mare Adriatico. Arteria storica, come il Po scende verso il mare, fiancheggia i varchi dell'Appennino e raccoglie da destra e da sinistra le strade che convogliano i paesi e le regioni. Gli americani, per i quali il passato non importa, l'avevano chiamata Strada n. 9. La percorremmo alla media di 30 chilometri all'ora, un paracarro dopo l'altro, un cippo chilometrico ogni due minuti: a sinistra le bianche nubi estive che toccavano l'orizzonte, a destra gli Appennini azzurreggianti contro il sole. I campanili spuntavano da lontano, sembravano nel mezzo della strada, si avvicinavano, con la borgata in riga lungo l'asfalto ed altri ne spuntavano il cui nome era annunziato dal cippo bianco e nero. Ogni tanto oltre il ciglio stradale un automezzo tedesco rinsecchito e spolpato mostrava la pancia al sole; ogni tanto sul ciglio sorgeva una croce di legno con un nastro tricolore e dei fiori intorno. Via seminata di morti antichi e recenti, stretta dai campi fertili e sereni, era ancora la vena maestra d'un popolo vivo.

Alcuni campanili smozzicati fra mucchi di rovine era quel che restava di Fidenza, oltre l'ospedale e un po' di case sforacchiate. Ogni casa, ogni cascinale, portava i segni dei mitragliamenti e molti paracarri erano rotti; certo a causa di improvvise uscite di strada sotto la minaccia degli aerei; anche le piante erano lesionate e si può dire che metro per metro la strada era stata punteggiata dai proiettili. I ponti sugli affluenti del Po erano stati tutti colpiti e non restavano che le rovine sul greto dei fiumi. Passarono, come mutilati di guerra in rassegna, Fiorenzuola, Parma e tanti altri paesi che non dicevano neppure più il loro nome.

Ci fermammo presso un banco d'angurie. I banchi con le mezze lune rosse in mostra erano sparsi lungo tutta la strada, anche lontano dai paesi. Erano addossati ad una pianta e coperti di paglia e frasche secche; dentro avevano una panca con qualche ragazzo scamiciato che guardava fuori. Vi si fermavano i carrettieri, i ciclisti e qualche macchina.

Pochi chilometri dopo Fidenza passammo davanti a una donna morta, distesa di traverso sulla strada e coi piedi verso il fossato di destra. Intorno al suo corpo irraggiavano peperoni e pomidoro usciti da una sporta che la donna portava camminando. Vedemmo di sfuggita la testa rotta e il sangue che incollava i capelli sull'asfalto. Un autocarro militare faceva marcia indietro per caricarla. Noi ci fermammo poco più avanti e il padrone andò a vedere ma venne via subito. Disse che forse erano due gli investiti: l'altro era un uomo con la barba e l'avevano già portato via. Tutta colpa degli automezzi alleati che correvano sempre come se avessero dovuto ancora vincere la guerra.

I compagni di viaggio restarono muti un momento, poi parlarono d'altro. A un tratto lungo la strada cominciammo a seguire un lungo tubo, spezzato in più punti. Serviva per portare la benzina o i fili telefonici sul fronte che Kesselring aveva stabilito lungo la Linea dei Goti. Ma dei Goti non restava altra traccia: se ne erano andati come avevano potuto ed erano rimasti gli americani a scorrazzare per ogni verso quasi volessero ripulire anche l'aria.

A Parma ci fermammo un momento fuori porta. Da una panca si alzò un giovane stralunato e venne verso di noi. «Lei dove va?» gli gridò il padrone dalla cabina. «A Torino» rispose l'uomo. «Allora stia lì seduto, io vado a Forlì» concluse il padrone, e riattaccò il motore. Il giovane rimase fermo un momento, poi tornò verso la panca, vi ricadde e ci guardò partire. «Dev'essere uno della Germania» dissero i viaggiatori. Infatti lungo le strade era una processione di reduci dalla prigionia, di soldati sbandati, di gente che non tornava da anni al paese e che si faceva portare come un sacco da qualunque mezzo nella speranza di essere scaricata qualche giorno davanti alla porta di casa. In mezzo ai reduci e ai profughi circolavano più veloci i borsaneristi, diretti da nord a sud e da sud a nord in un moto incessante d'olio, di caffè, di relitti di guerra e di refurtiva d'ogni genere.

Incrociavamo spesso altri autocarri pieni di gente e di bagagli. Erano autorimorchi che venivano dal Meridione carichi di botti e di gente ficcata negli interstizi.

I pugliesi che erano a bordo del nostro autocarro ebbero l'impressione che il padrone se la prendesse troppo comoda, e il capofamiglia si affacciò col collo torto alla cabina per chiedere quando si sarebbe arrivati a Forlì. «A mezzanotte se non ci fermano i briganti» rispose il padrone gridando. «A mezzanotte» gemettero le donne, e il poppante prese a piangere per la prima volta: non poteva succhiare perché gli scossoni gli mandavano il latte di traverso. Il prete guardava i campi, e il vecchio scuoteva la testa rassegnato come fanno i vecchi nel porto di Brindisi. Il capofamiglia spiegò ai suoi che il camion non poteva andare più in fretta. Ma il padrone, dall'interno, capì male e credette chissà che, perché cominciò a gridare, fermò la macchina e minacciò di far scendere tutti. Allora il capofamiglia si riscaldò e contorcendosi più che mai entrò mezzo di traverso dentro la cabina e cominciò a precisare: «Io m'informavo, m'informavo solamente... Non si può informarsi?».

I soldati e i ragazzi si divertivano. Ad alta voce la lite si sviluppò, si protrasse, poi il capofamiglia, stanco di gridare e di snodarsi per mettere la faccia dentro la cabina, si sedette estenuato e il camion ripartì con la solita andatura.

Intanto i cippi stradali andavano via come fogli di un calendario e contavano gli ultimi chilometri verso Reggio. Presto entrammo nelle frazioni e passata la periferia infilammo un'antica porta. Nel pieno sole di Ferragosto la città aveva colori di cotto e silenzi diurni inalterabili. Alcune vie erano letteralmente vuote, le case sembravano disabitate e dalle finestre chiuse pareva che da cent'anni non si affacciasse più nessuno. Ricordai di aver sentito dire che un sindaco di Reggio del tempo che fu, aveva fatto fare una pianta della città con segnati in rosso gli itinerari totalmente in ombra nelle diverse ore del giorno: e quando usciva si atteneva alla pianta.

Il camion si fermò un attimo all'ombra di una casa per farmi scendere e poi ripartì verso Bologna traballando. L'ultimo che vidi fu il prete, ritto, che si scopriva al passaggio d'una chiesa tritticando come una statua in processione.

Apogeo e disintegrazione del Cavaliere

Per capire di quali fermentazioni segrete ribolle e si colma la vita del pubblico impiegato, basterebbe analizzare questa frase: ossequiare il Cavaliere.

È una frase che in ogni declinazione possibile del suo verbo, è stata pensata e pronunciata chissà quante volte in tutti gli uffici da impiegati di tutti i ruoli e di tutti i gruppi. Tanto che potrebbe essere considerata un comandamento da aggiungersi, per l'impiegato, a quelli di Mosè.

Il Cavaliere è il capo di qualunque ufficio, Catasto, Cancelleria, Registro, Imposte, Tesoro, Intendenza, Distretto, Dogana, ecc. E il capoufficio è sempre Cavaliere: una volta della Corona ed ora della Repubblica, domani di qualsiasi altra cosa. Anche se la croce di smalto e di ottone non l'ha avuta per davvero, né il diploma in pergamena; e perfino quando il cavalierato gli è venuto a poco prezzo da uno di quegli ordini partenopei che sono fioriti nel dopoguerra ed hanno per Gran Maestro un *cavalocchi* annidato al quinto piano di un *palazzo*.

E che vuol dire essere Cavaliere? Vuol dire forse essere investiti del mandato di raddrizzare i torti, di difendere le vedove e i pupilli, o di sostenere qualche grande ideale? Vuol dire essere cinto d'armi e issato sul più nobile degli animali per correre le strade della gloria? No. Vuol dire oramai soltanto (oh, lunga strada di una parola!) essere volati in quello strato gerarchico ideale della vita burocratica dove non ci sono più Superiori, ma solo inferiori. Superiori ce ne sono sempre, s'intende, ma il Cavaliere è il più alto di tutti nel suo ufficio, e i suoi superiori sono al Capoluogo o alla Capitale, ma comunque lontani, vivi soltanto per lettera, "biglietto urgente di servizio" o telegramma, e solo raramente nella forma tragica e paurosa di un Ispettore; il quale, immancabilmente, è un Commendatore, vale a dire un essere che sembra fatto per spregiare ed umiliare i Cavalieri.

Essere Cavaliere vuol dire coprire un seggio, divenire arbitro tra lo Stato ed i suoi ultimi servitori, essere circondato da dipendenti, esperimentare come ogni vero Capo la lealtà e il tradimento, l'ubbidienza e l'insubordinazione. Ma con la consapevolezza tranquillante che i sottoposti non potranno mai scavalcarlo, perché la *via gerarchica* – la sola percorribile da ogni istanza o ricorso – passa sopra il suo corpo, dentro di lui, nell'intimo del suo essere e della sua sostanza di Cavaliere.

Di cos'altro vive un pubblico impiegato se non della speranza di una promozione? Ne vive lui e ne vivono sua moglie, i suoi figli e i suoi vecchi genitori. Ebbene, ogni promozione per realizzarsi deve avere, alla base, il *rapporto informativo* del capoufficio, cioè il riconoscimento e la condiscendenza del Cavaliere.

Chi vive fuori dagli ambienti burocratici non immagina neppure quali sacrifici si sopportano e quali battaglie si combattono nel microcosmo delle Amministrazioni. Così come l'atomo cela in sé le esplosioni e i cataclismi, le varie branche amministrative nascondono una avanzata incalzante e spasmodica di futuri Cavalieri che lottano per un regno di pochi anni.

Quante amarezze, quanti ripiegamenti e rinunce vitali non hanno comportato le croci agognate invano! Ma quanta gioia, quanto sapore delicato e corroborante di "comando", non hanno coronato il "giusto riconoscimento"!

Fra le tante maschere che la vita sociale ha imposto all'uomo, quella del Cavaliere è la più grottesca; ma la natura umana ha saputo attagliarvisi ed è giunta addirittura a mitizzarla: ne ha fatto, da Akaki Akakievic a Monsù Travet, un simbolo, e ne ha derivato una malinconica epopea nella quale è dato cogliere, come in ogni convenzione umana, riflessi di bontà, momenti di generosità e perfino qualche solenne affermazione di dignità morale.

Se questo è il Cavaliere, è naturale che egli abbia dai suoi dipendenti l'ossequio. È quanto gli tocca di stretto diritto; e chi sta sotto di lui desidera rendergli ossequio, gode di ossequiarlo, sente che così facendo rende omaggio a qualche cosa di solido e di reale. Un Cavaliere non si saluta, ma si ossequia.

Avvolto nella nube profumata degli ossequi, il Cavaliere naviga le acque tranquille della sua carriera fino al porto sicuro del *collocamento a riposo*.

Quando è in porto nessuno lo ossequia più, neppure il portinaio di casa sua o l'usciere del suo ufficio. Egli rimane Cavaliere perché il titolo è vitalizio; ma col cessare della pienezza della sua funzione, cessa l'ossequio che vi era connaturato. Anche gli ex dipendenti lo salutano appena; spesso lo compatiscono, e se appena avessero un po' più di coraggio gli direbbero finalmente quello che hanno sempre pensato di lui, cioè che egli fu un meschino uomo ed un pessimo funzionario. E se il povero Cavaliere, che magari fu un onesto uomo ed un buon funzionario, ha la dabbenaggine di ripresentarsi in ufficio per "appoggiare" una pratica o per raccomandare un conoscente, si accorge bruscamente di essere una moneta fuori corso, oggetto di commiserazione e di disgusto. Sembra che gli impiegati in carica odorino in lui la decomposizione di quell'elemento vitale che è la *funzione*.

Il Cavaliere in pensione è ormai un essere dal quale si è ritirata la forza che il potere conferisce. La sua stessa firma, che ormai appone soltanto in calce al mandato di pagamento della pensione il tredici di ogni mese, non ha più l'effetto di un tempo: non è neppure una firma, è un semplice nome e cognome.

Il giardino pubblico, una strada poco frequentata dove nelle mezze stagioni batte il sole, l'angolo morto di un caffè periferico, sono i suoi ultimi rifugi, i luoghi dove – se ne ha voglia – può meditare sulla caducità della gloria mondana.

Ad altri è sortito ormai passare su quei seggi pieni di prestigio, ad altri sale il tributo della turba impiegatizia.

Solo e senza ossequio, il Cavaliere si spegne e trapassa, simile ad un bengala che ha chiuso la sua corsa nel cielo di una notte d'estate.

Il commendator Confortorio

Nei primi anni del dopoguerra, quando sembrava tornato per sempre il tempo della vita pacifica e andavano riapparendo, nelle cittadine della riviera ligure, a Nervi, Sanremo, Ospedaletti, Bordighera, certe figure di commendatori ritirati dagli affari e ormai preoccupati soltanto di passare l'inverno lontano dalle nebbie e in un clima salutare, ebbi occasione di conoscere uno straordinario personaggio, il commendator Annibale Confortorio, un ricco signore con depositi in banca, palazzi in una grande città del Nord Italia, poderi in Toscana e titoli azionari destinati a diventar carta straccia nel giro d'una trentina d'anni, ma allora fortissimi e in piena ascesa.

Passeggiando ogni mattina sul viale a mare con lui, un giorno non resistetti alla tentazione di domandargli qualche cosa sul suo passato. Con sorprendente semplicità, mi disse di aver cominciato la sua carriera in Inghilterra, prima facendo il garzone d'un sarto londinese e poi il giardiniere in varie parti, fin quando, rientrato in Italia, si era dato al commercio e poi all'esportazione dei fiori, diventando in quel campo uno dei maggiori operatori d'Europa.

Pareva impossibile che un così distinto signore avesse esercitato in gioventù mestieri tanto modesti. Il commendator Confortorio infatti pareva un ministro; s'intende, di quelli di una volta. Di statura rilevante e robusto di corpo, aveva il ventre prominente e teneva il mento appoggiato al petto. Indossava un cappotto nero col colletto di velluto e portava un feltro alto di forma, color topo. Camminava toccando il terreno con un bastone d'ebano dal manico di corno e guardando il mondo col distacco di chi lo ha ormai conosciuto e giudicato da un pezzo.

Gli dissi che l'avevo stimato un signore di razza, di quelli che non hanno mai lavorato o che hanno avuto incarichi particolari, di grande delicatezza, per svolgere i quali basta la bella presenza o solo un tocco di mano, un intervento al momento giusto.

«In qualche modo» rispose, fermandosi e guardando verso il mare «ero avviato davvero a un incarico di tal genere: un lavoro delicato, dove quel che occorreva era solo un tocco di mano al momento giusto.»

E volgendosi con un sorriso sinistro a guardarmi da sotto la tesa del suo feltro, mi raccontò un'incredibile storia.

Aveva fatto, dopo l'apprendista sarto e prima di improvvisarsi giardiniere, nientemeno che il boia, o almeno l'aiutante del boia, il tirapiedi, come veniva chiamato una volta colui che aveva il compito di dare uno strattone all'impiccato tirandolo per le estremità onde accentuare l'effetto della corda intorno al collo.

Quando terminò il suo racconto era mezzogiorno. Tornai in albergo, ma invece di andare a pranzo ne annotai i punti principali sopra un foglio che solo oggi ho ritrovato in un cassetto e sul quale leggo queste righe:

«Che bella mano ha quel diavolo di Confortorio» disse ai guardiani del carcere il signor Chudling. «Sembra che gli abbia soltanto aggiustato la cravatta.»

Invece Annibale Confortorio aveva messo il cappio intorno al collo di un contabile condannato a morte per aver ucciso tre bambine. Un istante prima gli aveva con uguale destrezza allacciato le mani dietro la schiena, sempre sotto gli occhi del boia Chudling, che più che guardare lui fissava il condannato per tenerlo calmo.

Aggiustato il cappio, Confortorio scese con un salto dal palco e nello scostarsi, preso per una gamba il trespolo sul quale aveva fatto salire il condannato, glielo tolse di sotto i piedi. Il contabile scese di una ventina di centimetri a gambe tese e si sentì un rumore secco, come se qualcuno avesse fatto scrocchiare le nocche.

«Perfetto» disse Chudling. E voltò le spalle al palco. Ormai era faccenda del medico che doveva constatare il decesso.

Come il Confortorio avesse raggiunto, con solo cinque o sei impiccagioni, una simile precisione nel suo lavoro, era cosa che meravigliava il boia, il quale era stato aiutante impacciato e malsicuro del suo predecessore per almeno dieci anni.

«Peccato» diceva in famiglia «che Annibale, non essendo cittadino britannico, non possa avere la nomina ufficiale.»

Quel giorno stesso inviò un esposto al presidente della Corte per raccomandargli il Confortorio, facendo presente che in favore di un giovane così dotato meritava fare uno strappo alla legge, o alla consuetudine, perché una vera legge che impedisse agli stranieri di accedere alle funzioni del boia, non c'era.

«Ma cosa facevi al tuo paese?» domandò una volta Chudling al suo aiutante.

«Il sarto» rispose Confortorio «e fin da quando provavo le giacche ai clienti, o i soprabiti, sognavo di impiccarli. Specialmente quando appuntavo il giro collo e strappavo l'imbastitura del risvolto per appuntarlo in modo che aderisse perfettamente alle spalle.»

«E come sei venuto da queste parti?»

«Per cercare lavoro come sarto. Non ricordate che vi provai una giacca scura a doppio petto quando ero lavorante dal signor Fulton?»

«Già, già» rispose Chudling, ricordando benissimo che un giorno, dal suo sarto, notato il giovane, gli aveva proposto di passare da lui.

Le impiccagioni, nella contea, non erano più di quattro o cinque all'anno. E fra l'una e l'altra il Confortorio si annoiava. Con l'aiuto del boia trovò modo di occupare le giornate di ozio lavorando come giardiniere nel parco del Conte di Marylander. Era diventato bravissimo anche nel regolare i sempreverdi ai quali sapeva dare forme tonde, perfettamente simmetriche. Imparò la tecnica dei trapianti, quella delle disinfestazioni e degli innesti.

Dopo cinque anni, persa la speranza di una nomina ufficiale a boia di qualche contea, il Confortorio decise di ritornare in patria, dove finì con l'aprire un negozio di fiorista in una grande città. I suoi affari prosperarono e dal negozio passò all'esportazione dei fiori in Inghilterra e poi in tutto il mondo.

«A mia moglie» disse per concludere e tornando a guardare il mare «che oramai è morta da cinque anni, non ho mai raccontato questa storia. Era una donna di chiesa, timorosa di tutto: un essere innocente. Neppure con altri ho mai parlato di quei tempi. Ma stamattina ho avuto una specie di visione. Dal parrucchiere, ho visto un cliente che stando con la testa china sul lavabo attendeva che il lavorante cominciasse a lavargli i capelli. Gli ho guardato la faccia nello specchio e mi è parso tale e quale il primo condannato che mi toccò di impiccare cinquant'anni fa. Teneva gli occhi bassi e mostrava la collottola, sulla quale era rimboccato un asciugamano di spugna. Sopra gli pendeva, dal soffitto, il cavo elettrico al quale il parrucchiere attaccava il *fohn*. Ho steso istintivamente una mano verso il cavo, poi mi sono subito ricomposto. Era stata una visione, forse un richiamo al passato. Un passato così opprimente che ora ho sentito il bisogno di liberarmene raccontando a lei questa storia. La prenda come una confessione in punto di morte. Non sono credente, e quando un giorno o l'altro mi capiterà quel che capita a tutti, non chiamerò il prete, anche perché l'unica cosa che mi pesava sul cuore l'ho finalmente tirata fuori. Ho fatto, finalmente, da tirapiedi alla mia coscienza.»

Quattro giorni dopo, non vedendo più il commendator Confortorio alla passeggiata, feci chiedere per telefono sue notizie dal portiere del mio albergo. Dalla villa qualcuno rispose che era morto da tre giorni e che oramai era stato spedito in doppia cassa a Milano, dove aveva la tomba di famiglia.

L'orefice

Senza i romanzi, che la narrano dettagliatamente, e qualche volta sapientemente la inventano, la vita di provincia non avrebbe storia: passerebbe come l'acqua dei canali, sempre eguale, senza lasciare un segno. Fare storia degli avvenimenti, delle istituzioni e di qualche personalità, non serve, non restituisce il tempo e il suo significato.

Una volta ho pensato di fare la storia del Teatro Sociale di una città di provincia. La città aveva avuto, a sentire i vecchi, un buon teatro d'opera del quale restava solo il nome a una piazza: Piazza Teatro. Il materiale c'era: l'elenco di tutte le opere date dal 1882 al 1934, i nomi degli interpreti e anche quelli dei palchettisti, i quali corrispondevano ai casati principali della città. La storia, con tre lunghi elenchi era bella e fatta. Ma cosa era passato di vita, di intrighi, di tragedie, di amori tra quei palchettisti, cos'era accaduto al popolo che aveva affollato la platea nelle serate di mezzo secolo, non c'era documento, elenco o cronaca che lo dicesse. Nelle vecchie annate del giornale locale, a sfogliarle attentamente, si potevano trovare dei fatti, ma senza volto, senza legame, senza che se ne potesse immaginare il meccanismo. E questo perché? Perché la cronaca è spietata ma riguardosa. Dice che la signora Tal dei Tali si è gettata dalla finestra e aggiunge che da tempo dava segni di depressione nervosa. Ma non altro. Sta ai fatti e normalmente non li interpreta né li sviscera oltre la comune apparenza. Fa il suo dovere di cronaca e lascia agli scrittori il ricamo, l'indagine psicologica, l'intreccio, quando sarà il caso di scrivere una storia di Madame Bovary o di Eugénie Grandet, delle sorelle Materassi o della vedova Fioravanti.

L'altro giorno per esempio è morto, in una cittadina di questa provincia, un noto esercente, con negozio d'oreficeria in piazza, insegna secolare, figlie sposate a professionisti, figli laureati, parentado esteso. Non che avesse mai avuto parte nella vita politica o amministrativa della piccola città: esercente e basta, ma noto. Chi non era entrato, negli ultimi settanta o ottant'anni, in quel negozio che era stato di suo nonno e di suo padre? In tutta la cittadina e in quasi tutto il contado, chi aveva un orologio lo aveva comperato in quel negozio. E così le fedi matrimoniali, i *colliers* delle mogli, i regali di nozze per i parenti e gli amici, e qualche gioiello destinato a regali d'altro genere.

Il giornale locale si è sentito in obbligo di dare la notizia, o meglio di associarsi al cordoglio della famiglia e della cittadinanza. Diceva che era scomparsa una figura di probo cittadino il quale aveva dedicato la vita alla famiglia e al lavoro. Tutto qui. Ma chi ne farà la vera storia?

Per più di cinquant'anni il probo orologiaio-gioielliere fu visto ogni sera protendersi come un nuotatore nella sua vetrina per ritirare i *tableaux* dei gioielli e degli orologi, poi ritrarsi lentamente e andare a riporre i piatti di velluto nella cassaforte. La stessa operazione la compiva inversamente alla mattina. Il resto della giornata sapeva stare fermo per ore sulla porta o dietro il banco, senza mai leggere un giornale o un libro.

Dentro, il negozio era nudo, con solo qualche pendola alle pareti e una vetrina dietro il banco. Dove si rifornisse di brillanti e di gioie, di orologi e di sveglie, nessuno seppe mai. Aveva una scorta di astucci di finta pelle foderati di seta con scritto all'interno il nome della sua ditta e vi metteva l'oggetto venduto, lo involgeva in carta leggera bianchissima e lo consegnava al cliente.

Il suo negozio per lui era tutto. Nato nei locali retrostanti, vi aveva portato a suo tempo la moglie, vi aveva messo al mondo i figli e li aveva mandati a scuola, sempre facendoli uscire e entrare dalla porta sul vicolo. Dalla porta del negozio non entrarono e non uscirono mai altro che clienti. Neanche lui ne uscì mai, perché un negozio come il suo non poteva essere abbandonato neppure per un minuto. Egli operò sempre dall'interno. Dal retro, una scala di legno portava al piano superiore dove aveva le camere. Dalla camera da letto uno sportello sul pavimento consentiva di guardare nel negozio. Se un rumore, di notte, l'avesse avvertito di un furto o di uno scasso, poteva accendere tutte le luci del negozio e infilare nello sportello un braccio armato del revolver che gli aveva lasciato suo padre. Era questo il lato pericoloso della sua vita: l'eventuale difesa dai ladri. Ma in caso di necessità avrebbe agito sporgendo solo un braccio, senza mostrare il corpo.

Quando subì la famosa rapina del 1947, il revolver lo aveva in camera e non l'avrebbe comunque usato perché i ladri erano con le armi puntate da prima che lui si rendesse conto che non erano clienti normali. S'impalò contro la porta del retro, lasciò che i ladri spezzassero la vetrina esterna e quella interna, e anche quando fuggirono non uscì dal negozio. Il furto non fu ingente e l'assicurazione lo risarcì.

Gli altri avvenimenti della sua vita furono il precipitoso abbassamento delle saracinesche un giorno di settembre nel 1945, quando i carri armati tedeschi entrarono in città e passarono per il Corso facendo tremare tutte le stoviglie negli armadi delle case; poi l'incendio della tabaccheria di fianco, che mise in pericolo il suo negozio e richiese l'entrata dei pompieri con le scuri e gli stivali tra i suoi ninnoli; infine la rottura di un grande cristallo della vetrina ad opera di un incaricato della Società Elettrica che stava pulendo il lampione sotto il portico e al quale scivolò la scala. Dovette aspettare due anni il rimborso del danno e restare per mesi, fino all'accertamento definitivo, col cristallo spaccato a raggiera nel quale aveva fatto fare due o tre buchi col trapano da un esperto per fermare le crepe. Era il fatto più recente, quello forse che scosse la sua fibra, con le infinite questioni cui diede luogo. Poi, la morte.

Tutto semplice, come in tante altre città di provincia. Eppure no. Dietro quella vita c'era un mare di veleno. L'orefice odiava segretamente tutta la città che comprava altrove gioielli e orologi, odiava la moglie che era imbruttita e come andata a male in pochi anni al pari di una cattiva fornitura, disprezzava i figli che erano spendaccioni e a loro volta disprezzavano il negozio, odiava le autorità che lo tassavano, i medici che gli facevano spendere danaro, i vicini di negozio che lo spiavano, i fornitori e perfino i clienti. Sentiva che tutti erano congiurati a tenerlo inchiodato dietro quel banco fino alla morte. Non disse mai quanto odiava tutti quanti, ma lo dimostrò estraneandosi alla vita altrui, vivendo immerso in una folla d'altri esseri umani, sapendo dei loro matrimoni, compleanni, fasti e nefasti senza mai parteciparvi che con la vendita di un orologio, di un gioiello. Una grossa storia, a saperla raccontare.

La caduta di Cafasso

Dalla calura insistente del basso Piemonte, dai vapori padani che gravano sulla sua città e l'avvolgono d'un velo soffocante, il signor Cafasso è emerso, al volante della sua "famigliare" sulla quale, dopo aver chiuso il negozio per ferie, aveva caricato la moglie, il figlio trentenne, la figlia, il genero e il nipotino di cinque anni.

Il signor Cafasso non cede mai la guida al figlio o al genero. Nonostante i suoi sessant'anni si sente il miglior pilota della famiglia e vuole, sulla strada come in negozio, che tutte le responsabilità si assommino nella sua persona.

Circondato dalla muta disapprovazione di tutta la famiglia, il signor Cafasso arrivò a Pont-St.-Martin e svoltò bravamente verso la valle del Lys aggredendo le rampe a denti stretti.

All'ora stabilita la "famigliare" era ferma davanti all'alberghetto dove aveva prenotato due camere per otto giorni. Due camere soltanto: una matrimoniale col terzo letto dove avrebbe dormito il figlio trentenne e l'altra per i coniugi giovani, pure col terzo letto per il bambino. Il figlio, già anziano, si sottometteva ogni anno per otto giorni ad essere considerato un bambino e a dormire coi genitori, tanto gli sarebbe parso scandaloso gravare sulla spesa con una camera tutta per sé.

Il giorno dopo cominciarono le passeggiate famigliari. Il signor Cafasso, vestito da Tartarino, un grosso bastone alla mano e gli scarponi con le punte voltate in su, apriva la marcia. Tutte le mete comprese nel giro di un paio d'ore, fra andata e ritorno, furono raggiunte durante i primi giorni. Restava ormai da affrontare il problema della seggiovia.

«Seicento lire a persona andata e ritorno» diceva il signor Cafasso a tavola dopo aver accettato di discutere il problema. «Sei per sei trentasei: tremilaseicento lire!»

Nonostante l'enormità della somma, o piuttosto dello spreco, il signor Cafasso decise per l'indomani: «Domani tutti alla Punta Jolanda!».

Alle nove del mattino, dopo aver tentato invano di ottenere uno sconto presentando la fila di cinque famigliari, Cafasso acquistò i biglietti e per primo si preparò sulla predella, in attesa che il sedile lo raccogliesse per portarlo quasi in volo ai piedi del Monte Rosa.

Uno dopo l'altro i membri della famiglia furono depositati alla stazione di arrivo. Non restava che tornare indietro dopo aver guardato il panorama, dal momento che il bar appollaiato sopra una roccia era stato senz'altro scartato. Ma tutti furono d'accordo circa il fatto di passare almeno un'ora in altitudine, e cominciarono a spargersi per i pascoli, avviandosi chi per un sentiero chi per un altro.

Quando venne l'ora di scendere, il signor Cafasso non spuntò. Si era eclissato, forse in cerca di un luogo comodo o per mettersi in un angolo remoto a prendere il sole.

Con l'aiuto di un garzone del bar e di un gruppo di alpinisti che ritornavano dal lago Gabiet, vennero iniziate le ricerche. Tutta la zona fu ispezionata. La moglie, disperata, guardava il pendio verso nord, sempre più convinta che il marito fosse rotolato nella valle. La cosa era inverosimile e prevalse il parere degli alpinisti: che il signor Cafasso fosse disceso con la seggiovia senza avvertire nessuno. Il manovratore infatti telefonò alla stazione di partenza e riferì che un signore del tipo del disperso era arrivato in basso. Un po' sconcertati i cinque discesero.

All'arrivo seppero che il loro congiunto era in effetti disceso, ma a piedi, lungo il ripido sentierino che seguiva serpeggiando i piloni della seggiovia, e in modo tale che appena giunto aveva dovuto essere collocato su una barella e avviato al posto di pronto soccorso alpino. Lo trovarono nudo, nelle mani di un infermiere che lo stava incerottando e pennellando con la tintura di iodio. Contusioni ed escoriazioni alla testa, al viso, alle spalle, ai gomiti, alle ginocchia e alle mani; un occhio blu, due bitorzoli in fronte e un polso lussato. Nessuno riuscì a far parlare il signor Cafasso che mugolava come un bue.

Quando fu portato all'albergo e disteso nel suo letto, ricominciarono le domande dei famigliari.

Nessuno riusciva a capire perché, con tutta la sua prudenza, si fosse messo al rischio di una simile discesa. Ma l'interpellato non parlava. Si limitava a rievocare le cadute: «Sei cadute» diceva piagnucolando «il doppio di quelle di Gesù sotto la croce! Alla terza una frana di sassi sulla testa e alla quinta uno sdrucciolone di parecchi metri, fin contro un tronco di pino che per fortuna mi ha fermato!».

«Ma perché? Ma perché?» chiedeva la moglie torcendosi le mani. «Avevi il biglietto di andata e ritorno! Cosa ti è venuto in mente?»

A turno il figlio, la figlia, il genero e perfino il nipotino gli andavano vicino e chiedevano: «Ma perché? Ma perché?».

Finalmente il signor Cafasso proruppe: «Se l'ho fatto, alla mia età, un perché ci sarà stato!».

Il perché sarebbe rimasto un segreto se non si fosse presentato dopo cena un giovane a chiedere se il signor Cafasso non avesse trovato, nella discesa, una borraccia che il giovane diceva di aver perduto scendendo per lo stesso sentiero poco prima, per raccogliere un portafogli che gli era caduto salendo in seggiovia.

«La borraccia!» urlava il Cafasso. «Mi viene a chiedere la borraccia! No. Non ne ho trovate di borracce! Non ho trovato niente del tutto!»

Uscito il giovane il povero Cafasso confessò: salendo in seggiovia, all'altezza del pilone numero 17, aveva scorto sotto di sé un portafogli gonfio, certamente caduto a qualcuno che lo precedeva. Senza dir nulla, appena arrivato si allontanò dai famigliari e prese il sentiero del ritorno convinto di poter raccogliere il portafogli. Purtroppo il pendio era risultato terribile, al punto che alcune volte rischiò di precipitare.

Inutile dire che quel "magrone", quella "faccia di ladro" che era venuto a chiedere della borraccia, era sceso prima di lui e aveva già raccolto il portafogli.

L'"antenato" Calderón

Con il gran commercio di quadri e di mobili antichi che si fa in questi tempi, accade spesso che piccoli commercianti o impiegati si mettano in casa dei ritratti del '500 o del '600 che in antiquariato vengono chiamati "ritratti d'antenati". Nessuno certo pensa di gabellare per propri parenti quei tipi di guerrieri o di giureconsulti che appende alle pareti, ma sono pezzi che fanno sempre un bel vedere e danno una patina di nobiltà all'ambiente, non sgradita neanche in tempi di apertura sociale. Così il commercio delle "cose belle" s'incrementa e antiche facce ritornano a guardare il mondo dalle pareti dei nuovi appartamenti educando il gusto e diffondendo una conoscenza degli stili e delle scuole pittoriche che è fra gli ornamenti culturali più in voga.

Il signor Bestetti, mio vicino di casa che ha avuto fortuna nel commercio, è uno di questi compratori di ritratti d'antenati. Ne ha ormai una decina, forse troppi anche per una illustre famiglia, e li ha messi in fila su una parete del soggiorno dove legano con alcuni mobili d'epoca, racimolati nelle aste e nei magazzini d'anticaglie. Alla signora Ersilia, sua moglie, e ai suoi figli, quei ritratti non piacciono per nulla. Preferirebbero dei paesaggi o delle stampe, ma lui invece se ne compiace come di una nuova famiglia più disciplinata e più quieta, e ha ormai assegnato a ciascuno se non un nome, almeno una qualifica: governatore, capitano, connestabile, giudice, uomo di lettere, Procuratore di San Marco, ambasciatore, notaio, Cavaliere dell'ordine di Malta. Gli mancano ancora un paio di ecclesiastici e poi la serie sarà completa.

Sono scialbe figure, nonostante le qualifiche risonanti, mal dipinte e spesso ritoccate o restaurate fino all'inverosimile. Ma fra quei barbassori c'è un giovane, ottimamente ritratto, al quale il Bestetti non ha saputo ancora assegnare un titolo, e che ha finito, non solo per questo, col metterlo in imbarazzo.

Si direbbe opera di un buon maestro, tanto il ritratto è vivo e ben caratterizzato. Da un fondo scuro sfiorato dalla luce si stacca la linea elegante delle spalle, chiuse in un abito nero e accollato che gli sale fino sotto il mento, dove è coronato da un bordo di merletto a *ruche*, leggero come una spuma. Il volto è coperto da una leggera peluria che ombreggia anche il labbro superiore, gli occhi sono scuri e brillanti, la fronte nobile e pura come quella di un santo, l'orecchio piccolo e gentile. Ha una fronte alta e tonda, incorniciata da un cappello di velluto nero con un *pompon* sulla sinistra. Il naso, un naso di famiglia, è un po' carnoso e abbondante. Il colorito è leggermente livido, quasi da meticcio, come spesso si vede nei tipi molto bruni. Dimostra non più di vent'anni e ha un aspetto dolce e un po' triste.

Il signor Bestetti ogni sera si mette in poltrona, quando la famiglia è a letto, e guarda il ritratto intensamente. Ogni sera gli pare di conoscere meglio il personaggio col quale incrocia lo sguardo senza soggezione, anzi con una certa sicurezza perché come proprietario della tela sente di avere qualche autorità sul giovane ritrattato.

Guardandolo sempre più attentamente si è accorto di un leggero incarnato che ha sulle guance e sul dorso del naso. Gli sembra che quel soffuso rossore a fiore d'una pelle di magnolia pesta, certe sere sia più accentuato come se il giovane fosse lievemente eccitato, di ritorno da un pranzo o da una festa. Guardandolo allora là dove la figura è tagliata dalla cornice, ha l'impressione che il suo petto si alzi e si abbassi in un calmo respiro.

«Chi sei?» gli domanda il Bestetti. «Chi eri? Dove, come, vivevi?»

Lo fissa scuotendo lentamente la testa e gli pare impossibile che con quella faccia così gentile e per bene non gli risponda. Gli basterebbe sapere un nome. Ci voleva poco scrivere qualche cosa dietro, sul telaio. Ma quei pittori d'una volta che non firmavano i quadri, non ci mettevano il nome del personaggio e nessun'altra indicazione, cosa credevano? Che le loro opere avrebbero traversato i secoli sulla bocca di tutti come il nome delle città o delle nazioni?

Il signor Bestetti aveva deciso, con poca fantasia, di chiamare la enigmatica tela *Ritratto d'ignoto*, quando un giorno capitò in casa sua un mezzo erudito e intenditore di arte che si fermò davanti al quadro e disse:

«Spagnolo! È un quadro spagnolo del '600. Probabilmente una copia: Ribalta, Juan de Roelas o Ribera.»

«Ma il personaggio?» chiese il Bestetti. «Il personaggio chi è?»

«Rodrigo Calderón.»

«E chi è questo Calderón?»

«Un giovane signore ucciso per vendetta, forse della famiglia del celebre drammaturgo spagnolo. Un poeta del suo tempo, Luis de Gongora, scrisse su di lui un sonetto nel quale lo chiamò "felicemente sventurato": forse perché ebbe la sventura di essere ammazzato ma la fortuna di venire immortalato con una sontuosa tomba. Nel suo sonetto Gongora, in un gioco barocco d'ombre e di luci, assomiglia il tempo ingannevole all'insidioso ferro che spense quella giovane vita:

> *Ridente con lui, ed altrettanto falso,*
> *il tempo, quattro lustri nel sorriso,*
> *il coltello forse inguainava acuto.*»

Il signor Bestetti non volle sapere altro: tolse il ritratto dal chiodo e lo mise con la faccia verso il muro.

«Non immaginavo» disse. «Lo venderò alla prima occasione, oppure lo cambierò con qualche vescovo o cardinale morto regolarmente.»

Mi ha telefonato il Bonalumi

Quel grande esperto di truffe, furti, ricettazioni e appropriazioni indebite che fu Prezioso Bonalumi e del quale ho raccontato più volte le gesta, mi suggerisce oggi, dalle lontane plaghe dove naviga assolto e ormai fatto purissimo spirito, la storia del suo supremo imbroglio.

Uomo d'altri tempi, Prezioso Bonalumi capì, tra il 1945 e il 1947, che era finita l'epoca dei ladri e degli imbroglioni di una volta. Veniva avanti una malavita organizzata e tecnicizzata, priva di qualsiasi umanità, che andava rovinando uno dei più bei mestieri del mondo.

Si ritirò pertanto con un taglio netto, cominciando una vita di scrupolosa onestà e correttezza. Si fece costruire una modesta ma comoda villa con un piccolo parco e un vasto orto al suo paese nativo, sopra i colli orientali del Lago Maggiore e vi si ritirò con la moglie, che aveva sposato a carriera finita per vivere in buona compagnia quel tanto di vita che gli restava. In quella nuova dimora dovette purtroppo subire dei furti, con quanta amarezza non si può immaginare, perché nessuno più del ladro soffre nel vedersi portar via roba o denaro.

Dalla sua villa, dove non gli mancava nulla perché oltre che dalla consorte era servito da una anziana cameriera, si muoveva raramente, per qualche breve escursione nei dintorni o per pranzare in trattoria, ma rientrava sempre prima di notte, tanto più dopo aver avuto un paio di visite dai ladri. Passava le giornate lavorando nell'orto, in cantina a infiascare il vino o seduto sotto una pianta a guardarsi in giro.

Memore dei tempi di gioventù passati con lui a Milano, quando era alle prime armi e più che ladro o imbroglione fatto era ancora un modesto uomo d'affari che comperava e vendeva quel che gli capitava, andai qualche volta a trovarlo in villa. Mi riceveva con amabilità, ma evitava ogni discorso sul suo passato, lasciandomi l'impressione che non gradisse molto rivedere persone che gli ricordavano un mondo per lui ormai morto e sepolto. Finì che non lo andai più a seccare, limitandomi a domandare di lui quando incontravo qualcuno dei suoi fratelli o gente del suo paese.

«Sta bene» mi rispondevano. «Coltiva i fiori. Ha messo le api, quattro o cinque cassette. Ha fatto alzare il muro di cinta.» Era evidente che il Bonalumi desiderava essere dimenticato, o meglio lasciato in pace, perché di restar presente nella memoria di chi lo aveva conosciuto aveva molta cura. Tanto che si fece mettere il telefono proprio per tenere dei contatti con gli amici senza bisogno d'incontrarli e tantomeno di tirarseli per casa.

Da allora, per Pasqua, per Natale e per il mio compleanno, mi telefonava sempre: poche parole d'augurio, piuttosto fredde e qualche monosillabo evasivo se gli domandavo della sua vita o della sua salute.

«Eh!» diceva. «Si vive.» Oppure: «Mah! Come Dio vuole».

Seppi presto che faceva la stessa cosa anche con gli altri conoscenti, a larghi spazi di tempo. Telefonava sempre lui, perché nessuno poteva chiamarlo, in quanto il suo nome e il suo numero non figuravano nell'elenco degli abbonati.

Ogni tanto, incontrando un comune amico, mi sentivo dire: «Mi ha telefonato il Bonalumi...».

Quando ne aveva voglia si faceva vivo anche di persona, comparendo nelle trattorie o per le strade, alla guida della sua vecchia automobile, sempre con di fianco la moglie, che era una donnona grossa il doppio di lui.

Scriveva perfino a conoscenti lontani e vicini. Aveva fatto stampare delle fotografie della sua villa in formato cartolina e ne mandava in giro ogni tanto con la data e la firma. Il Bonalumi indubbiamente esisteva a tutti gli effetti. Ma c'era intorno a lui un vuoto, una nebbia, un muro d'ombra che lo isolava dal mondo, tanto che vi fu certezza della sua morte, avvenuta nell'inverno del 1967, solo quattro anni dopo, nel 1971.

Nel corso di quell'anno, durante i primi mesi del quale avevo ricevuto dal Bonalumi una cartolina e una telefonata, cominciai a raccogliere voci imprecise ma frequenti sulla sua morte. Chi lo dava per defunto da un anno, chi da poche settimane. Altri, ai quali domandavo, smentivano la notizia.

«Mi ha telefonato un mese fa» diceva uno.

«Ma se era a pranzo domenica scorsa al "Belvedere" di Maccagno!» diceva un altro.

Spinsi più a fondo le mie indagini e appurai che dei suoi pranzi in trattoria non era possibile trovare dei testimoni diretti. Quelli che lo davano per presente qua e là, avevano avuto la notizia da altri, di bocca in bocca. L'oste del "Belvedere" era certo di averlo servito in tavola verso la metà di gennaio del 1971. Ma la moglie dell'oste ebbe un dubbio: «Forse» disse «non era lui ma suo fratello Camillo, che gli somiglia molto».

Con un piccolo strattagemma riuscii a conoscere il nome e il cognome della moglie del Bonalumi, che poi cercai nella rubrica telefonica, sapendo che molti mettono il telefono sotto il nome della moglie. Ma quel nome non c'era. Domandai con discrezione a qualche impiegato della società telefonica, ma senza risultato.

Mi venne alfine l'idea di tagliar corto e di affacciarmi al cancello della sua villa. Dopo parecchie sonate di campanello si affacciò la sua anziana donna di servizio, che da una finestra mi disse che si era assentato.

«Dove è andato?» gridai.

La donna mi fece un segno vago in direzione della vicina frontiera svizzera e disse: «L'è andai in dent».
Dalle nostre parti e specialmente nel Canton Ticino, si dice "L'è andai in dent", cioè "È andato in dentro", di chi passa le Alpi per andare a lavorare o a vivere nella Svizzera interna.
Chiesi allora alla donna: «In Svizzera?».
«Pussée in dent» rispose chiudendo la finestra. Cioè, "Ancora più in dentro".

Deciso a veder chiaro nella sorte del Bonalumi, andai da don Artemio, che era il curato del suo paese.
«È morto nell'inverno del 1967» mi disse il prete sedendo alla scrivania del suo ufficio parrocchiale.
«Ma come! Se mi ha telefonato due mesi fa!» esclamai.
«Le dirò tutto» riprese don Artemio, e facendomi segno di sedere incominciò a raccontarmi l'ultima impresa di Prezioso Bonalumi.
«Il Prezioso» disse «era nato imbroglione e come tale volle morire. Nell'autunno del 1966 ebbe una brutta diagnosi, in seguito alla quale calcolò di avere pochi mesi di vita. Si munì allora di un registratore sul quale incise le domande che faceva e le risposte che dava nelle brevi conversazioni telefoniche con amici e conoscenti della provincia e di fuori. Le più comuni erano queste: "Allora? Come va, Tal dei Tali?". Dopo un breve intervallo per lasciar tempo

all'interlocutore di rispondere, la registrazione riprendeva: "Eh! Si vive".»

Il Bonalumi poi preparò per la moglie una lista di amici ai quali dopo la sua morte avrebbe dovuto telefonare a giusti intervalli, raccomandandole di stare bene attenta quando l'amico avesse chiesto "E a te, come va?". A quel punto doveva applicare la cornetta sull'altoparlante del registratore in attesa che uscissero le parole: "Eh! Si vive". Lasciò anche delle cartoline già scritte, firmate e datate, da spedire al momento giusto.

Gli pareva che quel "Si vive" fosse molto importante e addirittura decisivo, "perché gli altri, diceva, finché non sanno che sono morto è come se fossi vivo".

Non aveva tutti i torti: infatti, di alcuni che muoiono in America dove sono emigrati trenta o quarant'anni fa, solo quando arriva la notizia della morte, magari dopo un anno, ci accorgiamo che fino al giorno prima per noi esistevano ancora.

I suoi fratelli, che aveva convocato prima di morire, per paura di perdere la loro parte di eredità s'impegnarono a non dare a nessuno la notizia della sua morte. Così quando qualcuno domandava loro del Prezioso, cambiavano discorso, come per far capire che non erano in buoni rapporti con lui, che non si parlavano più. Cosa assai comune tra fratelli.

«Lo accompagnai» concluse il prete «al cimitero sul far della notte, senza annunciare a nessuno i funerali e senza suono di campane. Aveva disposto un lascito a favore della chiesa a patto che il mortorio avvenisse in gran segreto. Non volle neppure la lapide sulla tomba, perché se no si vedeva che era morto. Qualche giorno prima di spirare mi disse, quasi per giustificare le sue strambe disposizioni finali, che lo faceva solo per evitare che la gente, come avviene di solito appena uno crepa, cominciasse a leggergli la vita, a ricordare i suoi trascorsi, gli anni di galera che aveva patito e tutte le vecchie cose alle quali da tanto tempo aveva dato un taglio.

«"Chissà quanti faranno in tempo a morire credendomi ancora in vita" mi disse. "Non voglio dare ai vecchi amici la soddisfazione di essermi sopravvissuti." Il segretario comunale, che era suo amico, gli stese l'atto di morte senza dir nulla a nessuno: in tal modo il Prezioso Bonalumi era deceduto solo per me, per la moglie, per i fratelli, per il segretario comunale e per il becchino. Per gli altri va morendo man mano che si accorgono, perché la moglie continua a telefonare col registratore agli amici superstiti. Ogni tanto si sente rispondere che uno degli amici è morto. Allora lo cancella dall'elenco e continua con gli altri. Spedisce anche qualche cartolina ogni due o tre mesi, e se qualcuno si spinge fino alla villa per chiedere informazioni, fa rispondere dalla donna di servizio che il Bonalumi è partito, senza dire per dove né da quando.»

L'*eragrostis* del signor Colombo

Nella lottizzazione di una tenuta agricola a qualche chilometro da Milano, verso la Brianza, il signor Carlo Colombo e il signor Mario Colombo si trovarono ad essere acquirenti all'insaputa l'uno dell'altro di due ritagli di pari grandezza.

Ambedue i Colombo, che non erano neppure parenti alla lontana, decisero di costruire una villetta a ridosso d'un rilievo arborato e davanti ad uno spiazzo rettangolare che pensarono di ridurre a prato: prato all'inglese o *pelouse*, steso come un tappeto tra il *parterre* e la cancellata che chiudeva le due proprietà verso un viale di tigli.

Fin dall'inizio dei lavori di costruzione i due Colombo cominciarono a guardarsi con sospetto: destinati ad essere confinanti per tutta la vita, preparavano quella freddezza di rapporti che avrebbe garantito la loro reciproca indipendenza. Non sapevano di avere lo stesso cognome, le stesse aspirazioni, la stessa età e una quasi identica moglie. Erano due coppie di coniugi senza figli, che parevano fatte apposta per dar motivo di confusione a tutti i loro fornitori, i quali solo nel giro di alcuni anni sarebbero riusciti a non consegnare i pacchi della famiglia Colombo Mario alla famiglia Colombo Carlo o viceversa.

Insediati nelle loro villette all'inizio dell'estate, ebbero ciascuno per proprio conto il piacere di veder crescere in poche settimane il prato all'inglese, ugualmente fitto e di pari altezza, senza intrusione di trifoglio o di altre erbe infestanti. Ebbero anche la sorpresa di leggere il loro rispettivo cognome sulla targhetta collocata sopra il campanello, a metà dei relativi pilastrini: Colombo al primo cancello, Colombo al secondo. Nessuno dei due aveva pensato di far precedere il cognome dal nome o almeno dall'iniziale del nome.

Sempre più indispettiti nel trovarsi ad essere l'uno lo specchio dell'altro, evitarono accuratamente d'incontrarsi e diedero disposizioni alle mogli perché si ignorassero con pari costanza e attenzione.

Era a questo punto il loro godimento della sospirata tranquillità, quando un giorno il Mario Colombo, affacciandosi al balcone, credette notare che il prato del vicino era di un verde più intenso del suo, più compatto e regolare. Subito ricordò il detto: "*Il prato del vicino è sempre più verde*" e cercò di non pensarci. Ma guarda e riguarda, dovette persuadersi che gli era proprio toccato l'appezzamento meno adatto a quel genere di prato. Chiamò un giardiniere, il quale negò qualsiasi differenza, osando perfino sostenere il contrario, cioè che era più verde il suo.

Temendo d'essersi imbattuto in persona infeudata al vicino, il Colombo Mario si rivolse a un altro giardiniere perché intensificasse la seminagione in modo da superare qualunque altro prato prossimo o lontano.

L'esperto fu del parere che non c'era nulla da fare: per ottenere un verde più intenso ci voleva l'umidità del suolo inglese. Si limitò a raccomandare l'innaffiamento quotidiano, possibilmente serotino.

Fra le due proprietà, entrambi i Colombo avevano fatto collocare una piantata molto fitta di tuie, un po' funerarie, ma impenetrabili a ogni sguardo, così che potevano innaffiare alla stessa ora, verso sera, senza scorgersi l'un l'altro. Il Colombo Mario arrivò a decidere una bagnata supplementare di mattina, ma si accorse che il Colombo Carlo ci aveva già pensato. Il giorno dopo infatti, appena ebbe in mano la sua canna, vide un arcobaleno di goccioline che si librava nel cielo, sopra le tuie, contro il sole appena sorto.

Dall'invidia e dal dispetto che la vicinanza dell'omonimo e l'impossibilità di superarlo gli suscitava in cuore, il Colombo Mario guarì per puro caso, o forse perché ogni male porta sempre dentro di sé il suo rimedio.

Un pomeriggio, rincasando lungo il viale dei tigli, notò dietro un tronco, proprio all'inizio della sua proprietà, qualche cosa di rosso che si muòveva. Girò intorno alla pianta e si trovò di fronte alla signora Colombo, moglie del vicino, che stava allacciandosi una giarrettiera. Sospettò che fosse una finta mossa e che in verità la signora stesse osservando la sua proprietà. Benché turbato da quel dubbio, si ritrasse domandando scusa. Ma la signora, che si era subito ricomposta, gli sorrise con umiltà. Non poteva essere villano. Tolse il cappello e allungò la mano per presentarsi: «Colombo».

«Colombo» rispose la signora.

«Già» disse il Colombo amaramente. «Non solo siamo vicini, anzi adiacenti, e abbiamo le ville quasi uguali, ma perfino lo stesso cognome.»

«Niente di male» rispose la signora. «Di Colombo ce ne sono a centinaia sull'elenco telefonico di Milano.»

«Certo, ma la cosa può dar luogo a degli inconvenienti, a qualche *qui pro quo*. Non le sembra?»

Si erano avviati lentamente, affiancandosi, ma il Colombo, arrivato all'altezza del suo cancello non entrò, dicendo di voler continuare la passeggiata dal momento che sua moglie era in città, dal parrucchiere.

«Passo anch'io» disse la signora «delle mezze giornate dal parrucchiere. In casa mi annoio: mio marito è sempre fuori. Stasera, per esempio, non torna neppure a cena. Ha un pranzo d'affari.»

«Sarò indiscreto» la interruppe il Colombo che non l'aveva neppure ascoltata «ma vorrei togliermi una curiosità: il vostro prato è di saggina o di *eragrostis*?»

«Di saggina, naturalmente, come il suo!»

«Le confesso» riprese il Colombo «che dapprima volevo farlo di *eragrostis*...»

«Per carità! Sarebbe stato un grosso errore! L'*eragrostis* è un'erbaccia: una specie di gramigna!»

«Appunto, appunto. Chi non lo sa che per ottenere il vero prato inglese ci vuole la saggina?»

La signora, che non aveva capito la curiosità del signor Colombo, gli chiese:

«Scusi se sono un po' curiosa anch'io, ma ha forse notato qualche differenza fra i due prati?»

«Molta differenza no: la qualità dell'erba è la stessa, il terreno è il medesimo... Solo che il vostro cresce meglio. Come se fosse concimato...»

«Concimato? Ma cosa dice? Qualunque concime brucerebbe l'erba!»

«Certo. Dicevo così... Un'impressione.»

«Sa» disse la signora «che anche mio marito è di questa opinione? Secondo lui cresce meglio il vostro.»

Sorrisero tutti e due e si guardarono negli occhi. Erano davanti al cancello del Colombo Carlo e stavano per salutarsi. Il Mario Colombo non poté resistere alla tentazione di dare un'occhiata alla signora, ora che il suo dubbio lo aveva espresso. Si era quasi dimenticato di averle visto una gamba scoperta, poco prima, dietro il tronco del tiglio. Coscia piena, a pancia di pesce, attacco robusto, ginocchio leggero, liscio, polpaccio un po' a bottiglia, ma armonioso. Considerandola da vicino si accorse che la signora aveva la vita sottile e il petto ben sostenuto. Tutti i confronti con sua moglie furono a favore della vicina. La quale, un po' imbarazzata, resisteva a quell'esame e preparava uno sguardo severo per quando il signor Colombo l'avrebbe di nuovo guardata in faccia. Ma il Colombo, fissandole i piedi e scuotendo la testa, mormorò:

«Non solo l'erba del vicino è più verde... Mia moglie è una brava donna, curata, sempre in ordine... Ma lei, mi permetta, ha una figura...»

«Mi sembra che alla sua signora non manchi proprio niente. E lei non dovrebbe fare di questi confronti.»

«No, no. Non è per fare dei confronti, o perché le cose degli altri fanno sempre invidia, ma debbo riconoscere che una signora come lei si vede di rado. Sono felice di averla per vicina. Anzi, bisognerà che un giorno o l'altro vi conosciate, con mia moglie. Poi avrò il piacere di conoscere suo marito. In fondo, siamo qui a due passi, in una zona isolata. Lo sa che è meglio un buon vicino che un parente, tante volte?»

«Certo, certo. Faremo conoscenza, da buoni vicini. Ma in quanto all'erba, non si metta in testa che ci sia differenza. Sa come spiego io la faccenda?»

«Come la spiega?»

«La spiego così: lei guarda il suo prato perpendicolarmente, dal balcone, e lo vede un po' rarefatto, con qualche chiazza di terra qua e là. Il nostro prato invece le si presenta di scorcio. Vedendolo di scorcio è naturale che le sembri più fitto, e il verde più intenso. La stessa cosa capita a mio marito. Sapesse com'è geloso del suo prato! Voi uomini avete meno senso della realtà di noi donne. Scommetto che a sua moglie non è mai venuto in mente che il nostro prato è più verde.»

«Infatti!»

«Vede che ho detto giusto?»

«È un'osservazione acuta» riconobbe il Colombo. «Non ha torto. Potrebbe trattarsi di un'illusione ottica. È come guardare una cancellata: un conto è guardarla di fronte e un conto guardarla di profilo. Di profilo sembra un muro. Così l'erba... Ma sa che mi viene voglia di constatare? Mi piacerebbe proprio guardare il mio prato dal suo balcone!»

«Se è solo per questo, s'accomodi.»

La signora Colombo tolse la chiave dalla borsetta e aprì il cancello. Traversando il prato seguita dal Colombo disse:

«Veramente, il nostro balcone corrisponde alla camera da letto. Ma comunque, per dare un'occhiata!»

Entrarono in casa, salirono al piano superiore e traversarono la camera da letto. La signora aprì le imposte del balcone e il Colombo, che si era accostato alla ringhiera, emise subito un grugnito di soddisfazione. Il suo prato era nettamente più verde di quello del vicino. Tornò a contemplarlo, chino sul parapetto.

La signora, sorridendo soddisfatta, andò ad affiancarglisi, forse un po' troppo vicino, tanto che spostando il braccio di solo mezzo centimetro il signor Colombo ne sentì la carne attraverso la manica della sua giacca di *alpaga*. Ebbe un brivido. Aveva sotto gli occhi, a distanza ravvicinata, il braccio marmoreo della signora Colombo, compresso contro il busto a mandare avanti, davanzale sul davanzale, un vero petto da competizione. Avvicinò il naso all'ascella sinistra della signora, che si scostò un poco. Dall'ascella uscì un afrore che lo fece impallidire.

La signora si alzò e si ritrasse lasciando aperto il balcone. Il signor Colombo la seguì inebetito attraverso la camera, accorgendosi che la fonte di quell'odore non cessava di emettere richiami. Capì che stava per fare una pazzia. Ma l'aveva capito anche la signora, che lo teneva d'occhio in uno specchio. Quando fu certa che il Colombo stava per allungare le mani, si girò di colpo, ma non ebbe spazio sufficiente per manovrare una qualsiasi difesa.

La coperta di lino azzurro del letto, tesa fin sopra i cuscini, si stendeva sotto di loro come un abisso marino pronto a riceverli.

Dopo alcuni annaspamenti e con un piccolo grido di disappunto della signora, irritata non tanto con se stessa quanto con la sorte che si era servita dell'*eragrostis* e della saggina per ridurla a quel punto, i due caddero sul letto.

Una mezz'ora dopo, sul cancello, il Colombo Mario non aveva più parole. Le aveva dette tutte, quelle che poteva dire, tra la camera da letto e la soglia dove la signora, perfettamente ricomposta, lo congedava con sussiego: «Spero che saprà dimentica tutto al più presto» gli disse indurendo i tratti del viso.

Il Colombo si portò una mano al petto e piegò il capo in silenzio. Riprese fiato solo rientrando nella sua proprietà. "*Eragrostis* o saggina" si disse a mezza voce "di fronte o di profilo, dall'alto o dal basso, i due praticelli sono uguali, non c'è dubbio. Ma di Colombo come me, ce n'è uno solo!"

Com'è cambiato il caffè di provincia

Vado al caffè, non più come una volta per passare le sere e spesso anche i pomeriggi giocando a carte o a biliardo, ma solo per prendere un espresso, sul mezzogiorno e in fine di giornata. Stando al caffè tengo d'occhio due o tre clienti abituali che prendono un aperitivo dopo l'altro spostandosi nei vari esercizi del centro. Offrono sempre il bitter ai conoscenti, anche a quelli riluttanti, per far apparire normale, unica e casuale, la loro bevuta. Venivano, codesti bevitori, ma erano altri, ormai scomparsi, decotti, anche nel caffè di fronte a questo, dove c'era un buon biliardo: il Caffè Martinelli, chiuso da anni per far posto a una lavanderia. Erano un sarto, un orefice e un signore milanese con villa nei dintorni. Col bicchiere in mano, fingevano di seguire un tiro al biliardo, poi trangugiavano, posavano il calice sul bancone e sparivano, avviati a un altro caffè. Il sarto beveva solo "marsala", gli altri due il "bianchino", l'innocuo, candido, innocente "bianchino", che sembra acqua e invece mette il fegato in salmì.

Certe mattine, verso le undici, quando l'orefice era al quinto "bianchino", la mia gioia di fannullone consisteva nell'affacciarmi, tra un tiro e l'altro al biliardo, sulla soglia del caffè con la stecca in mano. Passavano i fattorini che correvano alle banche, le massaie con la spesa, talvolta un avvocato, un medico o un prete, che mi guardavano con disprezzo. Tutti erano al lavoro o in faccende a quell'ora. Con l'asta del giocatore al piede, solo in tutta la città, negavo valore all'operosità e alzavo un inno silenzioso all'ozio mattutino, al divino spreco del tempo.

Ora vado al caffè, dove resto, in piedi, non più d'un quarto d'ora, per vedere un po' di gente, vecchie e nuove facce, che gravitano a ore fisse in alcuni punti del centro storico, precluso alle automobili: il caffè sotto i portici, l'"Eden gastronomico", il passaggio coperto del Broletto. Ogni tanto, ma non tutti i giorni e spesso verso sera, fra i passanti in gran parte sconosciuti si fa avanti qualcuno che non vedevo da anni, un vecchio colonnello, un prefetto in pensione, un commerciante fallito prima della guerra, gente che credevo morta da chissà quanto.

È gente invece che sopravvive, ma tappata in casa, oppure che passa dei mesi altrove e si lascia registrare sotto i portici solo a rari intervalli da chi staziona ai punti di passaggio obbligato come me, non per curiosità o per controllo, ma solo per stare un po' attento alla vita della piccola città, anche se mi sono accorto solo dopo due anni che il salone del barbiere Casaloldo, di fronte al caffè, è stato sloggiato per lasciar posto a un negozio di abbigliamento.

Il caffè non è più quello d'una volta e ha perfino cambiato nome. Più che un caffè, è un bar-pasticceria con poche sedie, i tavolini rotondi larghi un palmo per due o tre bicchieri, la coppetta delle patatine e il portacenere. Sul fondo ha una fila di tavolini quadrati col piano di marmo, per le signore che prendono il tè e mangiano i pasticcini nelle ore del pomeriggio. C'è anche una scala, sul fondo, con due brevi rampe. In alto, sul pianerottolo, c'è la toilette. Solo le signore forestiere se ne servono, anzi entrano nel caffè proprio per servirsene. Ordinano qualche cosa al cameriere, poi chiedono sottovoce della toilette.

«Alla cassa» risponde seccato il cameriere. «La chiave è alla cassa.»

Verso sera, quando le dame dei pasticcini rientrano nelle loro case per cucinare, i tavolini in fondo al caffè vengono occupati da quattro o cinque pensionati, ex bancari, funzionari statali a riposo, commercianti ritirati dagli affari, vedovi o vecchi scapoli. Talvolta, in disparte, qualche solitario sta seduto per un'ora, imbambolato: se è inverno, senza neppure togliersi il cappotto e il cappello. Gli altri fanno gruppo e si scambiano parole. Sono tutti d'accordo sul malandare del mondo, sull'eccessivo costo della vita, sulla balordaggine dei politici e sull'andamento deludente della Borsa.

Mentre sto tra la cassa e il bancone del bar, do un'occhiata al gruppo, con un brivido di orrore: che non avessero, un giorno, ad attirarmi tra di loro. Li sorveglio da anni e so che muoiono regolarmente, uno dopo l'altro, senza che i superstiti se ne dolgano e neppure ne parlino. Qualche altro nuovo si avvicina, una sera, fa i soliti discorsi, e come se avesse detto una parola d'ordine, entra nel gruppo.

Da un paio di mesi, fuori da quel consesso, isolato, c'è un vedovo che conosco bene e del quale cerco di evitare lo sguardo per timore che m'inviti a sedere accanto a lui. Capisco che vorrebbe parlarmi, travasarmi dentro la sua storia. È comparso in città una trentina d'anni or sono. Veniva da Roma ed era pieno d'importanza. Non fece fatica ad introdursi nelle migliori famiglie, tanto che dopo un anno, sbaragliando tutti i pretendenti, sposò una delle fanciulle più contese dai bei giovani di allora. Ma col tempo si accorse di qualche cosa. Gli antichi corteggiatori della moglie avevano un certo sorriso. Cominciò a sospettare, a cercar di sapere, a rivangare, ma senza mai venire in chiaro di nulla. Guardava i conoscenti con odio. "Vigliacchi" pareva dire. "Voi sapete tutto e non mi dite niente."

Ora è solo, dopo un'intera vita, con quel dubbio, che è diventato la sua unica compagnia. I pochi che possono ricordare gl'intrighi di quarant'anni fa, che possono sapere, ormai sono scomparsi quasi tutti, ed io, secondo lui, dovrei essere uno degli ultimi. Per questo mi guarda, mi cova, aspetta, per catturarmi, che gli passi vicino o che mostri di volergli dire qualche parola di conforto per il suo recente lutto. Ma io lo saluto da lontano, con un cenno del capo, quasi senza guardarlo, e subito mi volgo a dire qualcosa alla cassiera o al primo che capita.

Forse scamperò alle sue inchieste. Il gruppo dei valetudinari lo ha già adocchiato. Presto lo inghiottirà e lo ridurrà ai discorsi sui prezzi al minuto, sulla Borsa, sul malandare del mondo d'oggi.

I vecchietti, i morituri, all'ora di cena se ne vanno, uno dopo l'altro. Il cameriere spazza i tavolini a colpi di tovagliolo e sul bancone scende il fiotto degli ultimi aperitivi della giornata. Il bar-pasticceria fra poco chiuderà le porte.

Il dopocena, i caffè che alle nove di sera si rianimano, i giocatori di carte e di biliardo, i conversatori da tavolino, sono fantasmi d'altri tempi, quando la moglie del vedovo che cerco di evitare splendeva fra le migliori ragazze della città, come un frutto prelibato sul ramo più alto, che poi, colto da un audace, può rivelarsi una scorza vuota, la polpa beccata dagli uccelli, succhiata dalle api voraci e raggiunta anche dalle umili formiche.

De profundis

La lettera, che trovai fra la posta tornando da un breve viaggio, era indirizzata al mio nome, ma con strani e nuovi attributi: "Al distinto poeta moderno e industriale, Signor...". Il mittente, del quale non si leggeva il nome dietro la busta ma solo in fondo a quattro pagine di scrittura fittissima e tremolante, era una donna che doveva aver letto in un giornale o rotocalco, di quelli innocui che passano le soglie delle carceri e dei manicomi, qualcosa su di me, in particolare che ero nativo del suo stesso paese e che scrivevo dei libri.

Chi scrive dei libri, deve aver pensato la donna, non può che essere poeta, moderno in quanto contemporaneo, e industriale in quanto industrioso, cioè che si industria a campar la vita con lo scrivere e ci riesce, traendone vantaggio come da una qualsiasi altra attività.

Tale almeno doveva essere stato, ripercorrendolo, l'andamento del pensiero in colei che mi scriveva, dopo aver letto il giornale, o una pagina di rotocalco servita per involgere qualcosa che le avevano portato. Che avesse sentito parlare dell'industria culturale e che volesse alludervi, polemicamente, lo posso escludere. Il suo livello d'istruzione e d'informazione appariva modesto e fermo, nel tempo, a quel po' di scuola che poteva aver fatto una sessantina d'anni or sono e forse più. Gli aggettivi *moderno* e *industriale* erano quindi, evidentemente, i mezzi della sua diplomazia, messi in opera per avvicinarsi a me col testo della lettera ed invocare il mio soccorso, nel buio e nell'abbandono che la circonda dentro l'Istituto dove, stando a quanto scrive, è ricoverata da più di cinque anni.

Un medico, dice nella lettera, compì il misfatto. Con la scusa di un esame e di una piccola cura, la avviò alla triste casa dalla quale non può uscire, povera e senza amicizie o parentele come pare che sia, e malata come certamente dev'essere. Povera forse non del tutto, perché ha una pensione, un po' di Buoni del Tesoro e qualche altro risparmio, accumulato lavorando tutta la vita come sarta e guardarobiera, sempre con la speranza, scrive, "di una fine decorosa ed onorata di virtù".

Se riuscissi a farla liberare – mi dice piena di calore e di fiducia – mettendo di mezzo un celebre avvocato del quale mi fa il nome, andrebbe per qualche giorno da un'amica che ha al paese, l'unica persona che va qualche volta a visitarla, poi si cercherebbe una stanzetta e ci vivrebbe tranquilla, coi soldi della sua piccola pensione e col ricavato di qualche ora di servizi e di pulizie che potrebbe fare qua e là, presso famiglie dalle quali è conosciuta. Le hanno portato via tutto, ma non fa nulla: una volta libera si contenterebbe di un letticciuolo, d'un tavolo e di una sedia, non più di quello di cui dispone ora, nel luogo dove vive. Pur di starsene da sola, senza la brutta compagnia che la circonda, salva dalle angherie e crudeltà che dice di sopportare e che descrive vivacemente ma con gran rassegnazione. In quella stanza che sogna, si sentirebbe felice – mi assicura – perché avrebbe a disposizione, quando volesse uscire, le strade, il lago, i monti e tutto il nostro paese, che lei ama così tanto da piangere solo scrivendone il nome.

Non avevo mai saputo che da quegli istituti si potessero scrivere e spedire delle lettere, ma un medico psichiatra dal quale mi sono informato, mi assicura che i malati, anche i più gravi, sono liberi di rivolgersi a chi vogliono per scritto e perfino col telefono. Così la lettera mi è arrivata ed è qui sul mio tavolo davanti a me, piegata e simile a due mani giunte nell'atto di rivolgere a qualcuno una preghiera. Mani di vecchia donna del mio paese, simili a quelle della mia povera madre, anche lei un po' allucinata negli ultimi anni di vita e qualche volta fissata, ma incapace di nuocere ad alcuno e anzi trepida per ogni male altrui, non d'altro gelosa che del suo orto e delle sue piccole stanze, non d'altro bisognosa che d'un tavolo e d'una sedia, come un ricoverato o un eremita.

In fondo alla lettera c'è un nome e un cognome che per fortuna non mi richiamano alcun volto.

Sono, per lo Stato Civile e oramai per l'Amministrazione Provinciale e per la Cancelleria del Tribunale, i dati che servono a catalogare un'alienata inguaribile, con tanto di interdizione legale correlativa e necessaria per devolvere la sua pensione a parziale rimborso delle spese cui dà luogo il ricovero.

La donna che mi ha scritto intanto è là, dietro le porte, che segue col pensiero il percorso della sua supplica, fidando nell'eloquenza che ha saputo dispiegarvi, e che non è di poco conto, perché è riuscita a coinvolgermi per un momento nel suo destino, al quale come poeta "moderno e industriale", non posso ritenermi estraneo. Tanto che interverrò, non per liberarla, perché non è in mio potere farlo e forse neppure nel suo interesse, ma per soddisfare almeno un desiderio che esprime fin dalle prime righe della sua lettera, quando scrive: "Nessuno mi viene a trovare con qualche confortevole dono".

Andrò a trovarla, valendomi di qualche pretesto o conoscenza e arrivando a farmi passare, se fosse necessario, per un suo parente.

Ci andrò, ci devo andare, perché un essere così catalogato non può rivolgersi che ai poeti, cioè a persone che nonostante ogni industria sono altrettanto deviate dalla realtà, sebbene in modo non pericoloso, almeno all'apparenza. Mi farò a chiedere di lei, a raccomandarla, cercherò di tenerle un po' di compagnia di tempo in tempo per alleviare la sua solitudine e il suo abbandono, e anche per sentirmi dire, sul mio paese e sul modo col quale può essere visto, cose nuove e mai sentite, quali possono uscire da una mente tanto arroventata.

Ma il suo sogno di una vita tranquilla, indipendente, in una cameretta vicina al lago o nelle vecchie strade dove a una certa distanza di tempo siamo nati tutti e due, ho già capito che la povera donna non potrà mai realizzarlo, perché vorrebbe dire tornare ad essere com'era quando aveva gioventù e bellezza, salute e speranza. E non avrebbe senso spiegarle che anch'io vorrei quello che lei desidera: una vita umile e serena, in una stanzetta, al mio paese, nella via dei Mercanti, davanti al porto delle barche o ai margini dell'abitato, dove gli orti confinano coi boschi. E poter uscire quando voglio a passeggiare, a incontrar gente che conosco da tanti anni, andare ad affacciarmi al porto, abboccare l'aria viva e fresca che scende dalle valli. Cose da poco, alla portata di chiunque, si direbbe, e che pure bramo invano e non mi è possibile ottenere, quasi che anche a me fossero impedite da un provvedimento definitivo dell'autorità, emesso in seguito all'accertamento di una lesione nascosta del cervello o nel cuore, che mi divide ormai per sempre dai primi aspetti della vita, quelli così naturali e semplici, che volerli rivivere e anche solo rimpiangerli è follia.

Era lui, tornato da chissà dove

Un padre che avesse perso il suo unico figlio bambino, colpito da qualche morbo, e che da quel giorno, dolcemente impazzito, ne andasse continuamente in cerca convinto di averlo soltanto smarrito, non sarebbe molto dissimile da me, che sempre spero di trovare, nel paese dove sono nato e cresciuto, il bimbo che fui e che non ricordo di avere abbandonato mai, ma solo di aver perso di vista un certo giorno.

Da quel giorno lo cerco per le strade, dentro i portoni, lungo le rive del lago, intorno alle barche, nei pressi dell'asilo, fuori dalla chiesa e in ognuno dei cortili che si aprono lungo le vie del vecchio borgo.

Se ben ricordo ho cominciato a non vederlo più quando lasciai il paese per andare agli studi in collegio. Credevo che mi seguisse e invece dev'essere rimasto nella sua vecchia casa, nell'oscura contrada dentro la quale scende il sole di sbieco e a primavera cresce l'erba tra i ciottoli.

Infatti è da allora che spasimo per ritrovarlo.

Qualche volta ho creduto di riacciuffarlo, durante le vacanze. Dopo averlo inseguito da un angolo di strada all'altro, arrivavo a prenderlo per un braccio, a fargli volgere il viso verso di me. Non era lui.

Altre volte mi capitava di intravvederlo in fondo a una strada o al di là d'una piazza. Facevo una corsa per raggiungerlo o cercavo di aggirarlo per arrivargli alle spalle, ma quando giungevo nel luogo dove l'avevo visto era già scomparso.

Quando, ormai in età, mi spostai verso altri luoghi, il bambino si ritrasse nei suoi nidi, dentro qualche retrobottega, nella stanza di mia madre velata di scuri tendaggi, nel magazzino del primo piano o in fondo alla grande soffitta mai del tutto esplorata della casa dove eravamo nati.

Passarono molti anni. Già anziano, tornando qualche volta al paese, mi riprendeva l'ossessione di ritrovarlo.

"Giocava qui" mi dicevo "dietro casa." Oppure: "Veniva spesso in questo cortile per giocare col figlio del falegname Tei. Andava di mattina a saltare sulle barche tirate in secco nel porto e a catturare, col fazzoletto, i pesciolini appena nati che guizzavano nell'acqua a un passo dalla riva".

Un giorno mi parve di vederlo sul balcone del sarto Primi. Sedeva sul piano di granito e teneva le gambette nude penzoloni, infilate tra le volute di ferro. Salii subito nei locali del sarto, ma la porta era chiusa. Mi ricordai allora che il Primi era morto da almeno trent'anni e che il suo laboratorio, dove andavo a veder lavorare le cucitrici e a farmi regalare i rocchetti vuoti del filo forte, era chiuso e abbandonato.

Lontano dal paese per altri anni, mi dimenticai di lui. Ma tornato ad abitare in un luogo non molto lontano, e andandovi spesso, ripresi le mie ricerche. Gente nuova passava per le strade e le rive del lago erano diventate dei terrapieni sui quali stazionavano lunghe file di automobili.

"Si sarà ritirato in qualche vicolo" mi dicevo "guarderà dalle aperture, qualche volta ovali, che danno aria ai sottotetti o starà dentro un giardino chiuso tra le case."

Ma una mattina di qualche anno fa, all'imbarcadero, dov'ero andato per vedere attraccare i battelli, mentre, seduto su di una panchina del molo guardavo il lago mosso dal vento, un bambino di cinque o sei anni venne a sedersi accanto a me e alzò la testa a guardarmi. Aveva i miei occhi, la mia bocca, il mio viso rotondo di allora. Lo presi per le braccia e me lo misi di fronte. Era lui, tornato da chissà dove. Docile e affettuoso mi sedette da presso e posò la testa contro il mio fianco. I capelli che gli cadevano sulla fronte mossi dal vento erano come i miei a quell'età.

«Come ti chiami?» gli domandai tremando.

«Non te lo dico» mi rispose. «Indovina.»

In quel momento sentii chiamare da lontano un nome che non afferrai. Il bambino si riscosse, si alzò e prese la corsa verso una donna ferma in mezzo alla piazza.

Mi prese un grande languore, che mi impedì di alzarmi e di correre, con lui, verso la donna che lo aveva chiamato e che lo aspettava con le braccia tese. Se mi fossi alzato e avessi traversato la piazza, di corsa, avrei trovato con lui le braccia aperte di mia madre, venuta di là del tempo a richiamarmi.

Chiusi gli occhi. Quando li riaprii vidi, sopra di me, il bianco salone vetrato di un grande battello che attraccava in silenzio. Guardai verso la piazza: era vuota e deserta, forse per lasciare uno spazio tra la scomparsa della donna e del bambino e l'arrivo di chi andava ad imbarcarsi o di chi sarebbe sbarcato.

D'improvviso mi ricordai del nome col quale la donna aveva richiamato il bambino: un nome gentile, con la penultima sillaba ripetuta lungamente come in una eco lontana.

Il sopravvissuto

Ogni volta che torno al paese mi capita di veder sbucare Omodeo da un angolo, di vederlo traversare una strada o la piazza del lago. Mi domando allora se non è morto da vent'anni come i suoi fratelli o da quaranta come i suoi vecchi. Omodeo è sopravvissuto, non so per quale fine della natura, ha tenuto duro e ormai oltrepassa gli ottant'anni dimostrandone sempre cinquanta, come se si fosse fermato a quell'età. È diritto, agile, senza rughe. Non presenta neppure, intorno alle iridi, quell'alone lattiginoso che rende vuoto lo sguardo degli anziani. Vive nei locali dove abitò la sua famiglia, al primo piano del più bel caseggiato della piazza, forse accudito da una donna a ore. Ma può anche darsi che sbrighi tutto da sé, anche la cucina, come in genere fanno gli scapoli invecchiati e soli. Spesso si affaccia al balcone, e guarda chi va e chi viene.

Durante il giorno esce ed entra continuamente dal portoncino in basso. Pare diretto a qualche posto, tanto è deciso il suo passo, ma non mette mai piede in un caffè, non entra nei negozi, non si ferma a parlare con nessuno.

È rimasto unico al mondo d'una famiglia di sette persone, perché oltre ai genitori aveva quattro fratelli.

Morti i vecchi, restarono i figli, tutti scapoli, ma dopo un ventennio cominciarono ad avviarsi anche loro all'ultima dimora. Restò Omodeo, che si dispose con grande impegno ad invecchiare. Senza i rimbrotti paterni o i contrasti coi fratelli, iniziò una resistenza al tempo che non si vede quando possa avere termine.

È difficile, restando anche solo qualche ora nel paese, non incontrarlo per le strade o nei dintorni di casa sua. Pare che esca solo nella speranza di imbattersi in qualcuno di quelli che ogni tanto ritornano, come Vittorio Sereni per esempio, che almeno una volta al mese, nei suoi ultimi anni di vita, tornava a vedere il luogo nativo, non per nostalgia, credo, ma per un tentativo di recupero delle prime emozioni, tentativo o rito che compio anch'io da tanti anni: pochi passi, tra il lago, il porto e la strada principale, poi via di corsa verso il luogo dove abitualmente si vive, non molto lontano, ma in un'altr'aria, fin che si ripete la voglia di riprovare l'effetto del ritorno, dei ricordi, delle cose che accennano da lungi e pare ci riconoscano: "Giostra di venti pascolo di echi / nient'altro che il vestibolo del tempo indifferente / comunemente detto fine della gioventù".

"Ogni volta che quasi / di soppiatto" dice Sereni in un'altra sua poesia, "ripasso sulla piazza del lago / schizzato fuori da un negozio corre / un tale ad abbracciarmi / farfugliando il nome di mia madre."

Era lui, l'Omodeo, che scorgendo il Poeta, gli correva incontro ad abbracciarlo, a dargli del tu col diritto di chi lo conosceva da piccolo, a ricordargli la madre, la signora Michelina, quasi per stabilire un legame o una mezza parentela.

Sereni tornava al paese "quasi di soppiatto", perché nella sua gran discrezione gli seccava venir riconosciuto dalla gente. Sarebbe voluto passare inosservato e che nessuno pensasse a un suo ritorno per ritrovare l'infanzia o per suscitare altri miti. Ed ecco l'Omodeo che lo scorge, lo intercetta, corre ad abbracciarlo e gli impone il ricordo della madre come una parola d'ordine per lasciarlo passare.

L'Omodeo forse vuole soltanto constatarsi vivo, scampato per qualche merito o privilegio alla sorte comune e destinato a restare l'ultimo di noi. Ma da quando Sereni è scomparso sembra sperduto. Vaga qua e là, senza più speranza d'incontrare qualcuno riapparso al paese, senza poter più rievocare o richiamare care ombre. Vive ostinatamente con dentro tutto il suo mondo, e tiene accesa la memoria di chi senza di lui sarebbe ormai inesistente. Ha questo compito di retroguardia, che sente come un dovere e al quale soddisfa oramai solo con me. Mi individua da lontano, arriva alle mie spalle, mi prende per un braccio, mi ferma e comincia a nominare mia madre, poi un mio zio morto nel 1923, mio padre, infine Sereni, che ha aggiunto alla sua lista.

Mi ficca gli occhi negli occhi per vedere se sono sensibile alle sue evocazioni e prende un tono di rimprovero se si accorge che sono rassegnato. Lui non si rassegna e aspetta che io parli, che faccia anch'io dei nomi. Gli batto una mano su una spalla, e con un mesto sorriso lo lascio.

«La sciura Virginia» dice per trattenermi col nome di mia madre. «Ah, la sciura Virginia!» E mentre mi allontano sta fermo nel mezzo della piazza, come un naufrago abbandonato sopra uno scoglio.

Solitudine del narratore

Durante la mia non studiosa adolescenza fui, tra molti altri posti, anche a Novara, dove mio padre, non so da chi consigliato e con quale criterio, mi aveva collocato all'Istituto Omar, dal quale avrei dovuto uscire dopo non so quanti anni col diploma di perito meccanico. Cosa impossibile, perché non riuscii mai a maneggiare passabilmente neppure la lima a sgrossare per compiere il primo e più elementare esercizio pratico prescritto in quella scuola, dove per andare avanti verso il diploma bisognava, nel giro di un paio di mesi, presentare il "capolavoro", il quale non era altro che una tavoletta di ferro che l'allievo doveva squadrare esattamente prima con la lima detta "bastarda" e infine con la lima a triangolo. Non superai, come ho detto, neppure il primo stadio: quello della lima a sgrossare.

L'istruttore, che passava ogni giorno dal mio banco, mi chiedeva il pezzo al quale lavoravo assiduamente. Quando, toltolo dalla morsa, glielo porgevo, non estraeva neppure dal taschino della tuta il regolo a squadra per traguardare il piano della tavoletta.

Gli bastava un'occhiata per capire che era gobbo. Il mio impegno principale infatti consisteva, durante le ore d'officina, nel produrre limatura, cioè quella polvere azzurrognola, morbida e un po' attaccaticcia o meglio adesiva, dalla quale si libera, moltiplicato, l'odore del ferro. L'oro, l'argento, il piombo e in genere i metalli, non hanno odore. Ma il ferro, appena grattato e anche in verghe, ha un suo odore preciso che gli viene dal carbone col quale è stato fuso e dal magma pietroso della pirite, perché è un misto di fumo, di silice e forse di anidride.

Appena avevo fatto sul bancone, a forza di limare, uno strato di quella polvere, la avviavo, con le dita, verso un buco del diametro d'un lapis, che avevo notato di fianco alla morsa e che non sapevo dove finisse. La polvere vi cadeva e scompariva. Se un giorno, mi dicevo, riuscirò a riempire il buco, magari limando alcuni quintali di ferro, la mia condanna a questo lavoro forzato avrà fine.

Ero a pensione nel vicino collegio salesiano, dal quale nessun assistente o sorvegliante accompagnava gli allievi all'Istituto Omar. In quel tratto di strada deviavo verso la città, per la quale mi aggiravo fino a mezzogiorno, e dopo il pranzo che andavo a consumare in collegio, anche nelle ore del pomeriggio. Esplorai le vecchie strade, salii sulla torre di San Gaudenzio, giocai a biliardo nei caffè del centro, passeggiai intere giornate, immergendomi nelle nebbie che salivano dalle risaie fin dentro i portici e gli anditi del Broletto e dei suoi dintorni.

Avvicinandosi il Natale, abbandonai entrambi gli istituti e mi diedi a una specie di latitanza, nel senso che non tornai al mio paese e rimasi a Novara tutto l'inverno a far niente, ricoverato da un conoscente in una stanzuccia male ammobiliata, in fondo a una calle che si chiamava, se ben ricordo, via Quartieri Spagnoli. In quella viuzza c'era un ufficio postale, incavernato in un sottoportico, con due o tre impiegati che maneggiavano i timbri come magli, dando dei colpi così forti che al mattino mi svegliavano nella mia stanzetta al terzo piano con quei tonfi sordi e a doppietta, in due suoni diversi quando battevano sul tampone e quando invece sulle carte.

Quell'ufficio postale, dove lavoravano due miei coetanei, ebbe una storia, perché uno di quei due che aveva comprato un biglietto della lotteria di Tripoli, si trovò tra gli estratti e poi in testa ai vincitori, diventando in due giorni, da avventizio con le soprammaniche di satin nero, milionario con villa e palazzi, automobili e per fidanzate contessine e baronesse. Ma è un'altra storia, da raccontare con altro fiato e in altri fogli.

Quando cerco di spiegarmi la ragione del ritardo col quale sono arrivato alla narrativa dopo una vita che tuttavia non fu mai disattenta ai fatti letterari, e quando, scendendo più a fondo nelle domande che rivolgo a me stesso, mi chiedo perché ho scritto dei romanzi e dei racconti, mi accorgo che la mia impresa è stata un tentativo per uscire dalla solitudine parlando ad altri di me, dei miei guai e delle mie fortune. Ho scritto per avere intorno qualcuno, come quando raccontavo a voce in un piccolo cerchio di amici e anche per capire me stesso e il mondo nel quale vivevo. Altri, prima di me, avevano capito le stesse cose col mezzo della creazione artistica, avrei potuto per tempo unirmi a loro, fare gruppo, scambiare con quei miei coetanei la schiuma dell'intelligenza. Erano, alcuni, fra i migliori poeti, scrittori, artisti della mia generazione o di quelle confinanti. Ma una specie di bassa nascita, di vizio d'origine, mi ha sempre trattenuto.

Al tempo in cui loro studiavano e si formavano, io ero altrove, a tener testa per mio conto alle onde della vita, in anse remote. Vivevo con esseri estranei all'arte e alla letteratura, mi mescolavo con professionisti, esercenti, giocatori, gabbamondo, gente di campagna e di città, ricchi e poveri: il magma umano che traversa l'esistenza senza osservarla, senza trarne balsami o veleni letterari. Così, ho parcheggiato fin quasi a cinquant'anni in aree dominate dalla necessità, dove nulla si sublimava. Come ho già detto altra volta, con gli uomini che rappresentano l'arte e la cultura del nostro tempo ho viaggiato nello stesso treno ma in un'altra carrozza.

Allo stesso modo di chi emigra in giovane età e torna anziano al suo paese, mi sono quindi trovato tagliato fuori da un mondo che avrebbe dovuto essere mio e nel quale ero invece vissuto come in un sogno. Al pari dei vecchi emigranti ho cominciato allora a raccontare, a favoleggiare, a render conto di un continente che i letterati raramente percorrono. Ne è risultata per me una nuova solitudine. Se prima, nell'esilio dall'ambiente che doveva essere mio, pativo di solitudine, ora, anche trovando ascoltatori, patisco un'altra solitudine: quella a cui si riduce chi scrive e racconta di sé e del mondo nel quale è passato, la solitudine del narratore, sospeso tra la vita e il sogno della vita, come il ragno al filo della sua tela.

Dove sono i miei compagni dell'infanzia e dell'adolescenza? Di soli cinque o sei mi è nota con certezza l'esistenza e la condizione. Uno si è fatto fama nel mondo dell'industria, un altro è diventato arcivescovo. Di un terzo ho avuto notizia un anno fa, dopo quarant'anni che non ne sapevo più nulla: è in Brasile, ricchissimo, con una grande villa, parco smisurato, campo d'aviazione e aereo privato. Vive solo, ma ha dei turni di donne bellissime che vanno e vengono nella villa. Mi ha invitato ad andare a vivere con lui, in quella specie di paradiso di Maometto che si è allestito vicino al Rio delle Amazzoni. E per invogliarmi mi ha mandato una sua fotografia a colori, dove appare sdraiato in una grande poltrona, dentro un salone pieno di quadri astratti e di mobili bianchi.

Ma gli altri? In gran parte sono scomparsi, inghiottiti dall'anonimato al quale sembravano predestinati. Molti sono morti nelle varie guerre che ci hanno traversato la vita. Cinque o sei, prima ancora che venissero le guerre, di polmonite e di tifo. Uno, per aver mangiato prugne acerbe. Alcuni sono annegati, secondo la media dei paesi di lago, dove ogni anno d'estate l'acqua fa le sue vittime. Altri sono morti contro i muri, in motocicletta, e mi riappaiono per un istante quando sfioro, qua e là per le strade della provincia, le piccole lapidi murate nei luoghi dove si sono fracassati: luoghi dove è ormai impossibile fermarsi, neppure il tempo di leggere un nome e la data del sinistro sulla lapide. Mi contento, con un occhio alla strada e l'altro alla targa di marmo, di leggere la metà del loro nome: Sal... Cer... Rap... e poi via, senza più un pensiero per quegli sfortunati.

Dei pochi che sono ancora vivi non ce n'è uno, salvo quelli che ho ricordato, che emerga dal buio.

Ricordo un certo Tegnis, nato dalle nostre parti ma originario di altri posti, che a vent'anni aveva trovato un impiego a Milano. Dopo tre o quattro anni, tornando per le ferie in paese, raccontava di essere diventato capoufficio nell'azienda dov'era entrato: *capufissi*, diceva, dal momento che aveva adottato il dialetto milanese, spregiando il nostro, rustico e grossolano e non più adatto a un capoufficio che viveva a Milano.

«È arrivato il *capufissi*» si diceva al caffè quando compariva per Ferragosto. Si era saputo intanto che scriveva le bollette di entrata e uscita dei pezzi di ricambio in una fabbrica d'automobili e comandava un paio di manovali. Trent'anni dopo era ancora allo stesso posto. Quarant'anni dopo, messo in pensione, tornò al paese. Non parlava che del suo ufficio, dell'importanza dell'incarico che aveva ricoperto, degli onori che gli erano stati resi quando se ne era andato per limiti di età. Giocava a carte al caffè, e nessuno lo chiamava col suo nome, ma sempre *capufissi*.

Piccoli destini, sorti meschine, da formica tra le formiche in un grande formicaio. E mai uno che si distinguesse, che facesse parlare di sé, come se fossero tutti d'accordo nel non contar nulla. Ma è la vita che schiaccia gli individui a quel modo, che li suscita dal nulla per il nulla, infusori di un ciclo del quale sfugge a tutti la meccanica, tranne forse al nostro coetaneo arcivescovo.

Ma quelli che hanno lasciato o che lasceranno un segno? Se pure di loro rimarrà un libro, un'impresa compiuta, un'opera di bene, non ne resisterà che per qualche anno la memoria. E che se ne fa della memoria degli altri chi non ha più memoria né di sé né del mondo?

Certo quello che è diventato arcivescovo, un po' di strada l'ha fatta. L'ho visto un paio d'anni fa, quando morì suo padre. Veniva da terre lontane dov'era nunzio apostolico. Aveva l'anellone col topazio al dito, la croce pettorale, il bordino rosso sulla veste nera e un viso pacifico, disteso e solenne, come dev'essere il viso d'un prelato. Era scampato a sessant'anni di pericoli, di indigestioni, di malattie, alle rabbie delle mancate promozioni e dei trasferimenti sgraditi, alle invidie dei rivali, ai passi falsi che chiunque compie, vivendo, anche da sé.

Ma gli altri? Finiti chissà dove senza lasciare un segno. Eravamo partiti tutti insieme come per una festa, ed ora voltandomi ne vedo pochi, ansimanti e quasi col terrore alle spalle degli abissi evitati, indifferenti al ricordo di quelli caduti per strada, persi nel buio.

Di casa in casa, la vita

Sono nato all'ultimo piano d'una vecchia casa di Luino, in via Felice Cavallotti, dentro una stanza senza riscaldamento e senza luce elettrica. Era il 23 di marzo 1913 e la primavera quell'anno doveva essere in ritardo, perché appena nato, trovandomi freddo, una mia zia mi scaldò i piedi al fuoco del camino.

Fu, quella di via Felice Cavallotti, la mia prima casa, un piccolo regno, perché oltre la stanza nella quale ero nato, aveva una ventina d'altri locali su diversi piani, in gran parte vuoti o con armadi chiusi lungo le pareti. Casa Zanella, veniva chiamato dai vecchi quel palazzetto del Sei o Settecento, con l'ingresso davanti al porto e al sommo di una doppia scalea di granito rosa. Una nobile dimora di signori milanesi, ereditata da una serva-amante dell'ultimo proprietario e finita in locazione ai miei, al sarto Giuseppe Primi che vi aveva sistemato il suo laboratorio, all'oste delle "Due Scale" Virgilio Ravasi e al salumiere Zaina.

Tutta la suppellettile di casa Zanella, la biblioteca, i ninnoli, i quadri, era nei grandi armadi chiusi che occupavano, oltre ai saloni, i corridoi e i pianerottoli, vasti come terrazze. L'erede non li aveva neppure aperti quegli armadi, intorno ai quali spasimai per tutta l'infanzia e l'adolescenza, fin quando, morta la serva-padrona, intrapresi con la moglie del salumiere il saccheggio di tutte quelle anticaglie, delle quali mi restano ancora un paio di candelieri, una stampa e qualche libro.

Vissi fino a quattordici anni in quel palazzo barocco, con le imposte sagomate, i fermaporte, i balconi in ferro battuto, le "vele" ai soffitti e i camini enormi, di marmo veronese venato come una bondiola. Quei fregi, quelle porte dalla sommità ondulata e soprattutto quegli armadi dipinti di un color rosa antico, hanno certamente influito sulla mia inclinazione per il Settecento e per i protagonisti di quel secolo, da Casanova al Da Ponte.

Quando, fuggendo la disciplina paterna, andai lontano dal mio paese, per molti anni la mia casa fu una camera ammobiliata nell'appartamento di famiglie borghesi in rovina. La voce e l'aria di tante borgate venete e friulane, il sole di Napoli o la nebbia di Milano, mi entrarono di primo mattino dalla finestra d'una camera d'affitto.

Quando cominciai ad avere un appartamento intero, benché piccolo, fu come l'allargarsi e il rallentarsi di un fiume. Alla libertà di passare da una camera all'altra, corrispose la rinuncia a passare da una città all'altra, e il ritorno alla provincia da cui ero partito.

Qui, nel capoluogo, ho abitato dapprima una casa sulla piazza principale. Da quelle finestre ho visto parate e cerimonie patriottiche per tanti anni, ho sentito le fanfare e i discorsi di un gran carnevale destinato a finire nel sangue e nelle rovine della guerra. Lo ricordo quel tempo, anche perché era proprio sulla mia terrazza che nelle feste patriottiche il portinaio veniva, come d'obbligo, ad alzare la bandiera nazionale. In quei giorni ero solito starmene in casa, intento a piccoli lavori, come spostare mobili o piantar chiodi. Gli altri giorni ero spesso fuori casa, ma per tornarci frequentemente, come una rondine che fa la sua giornata andando e venendo continuamente al nido. Quando rientravo, m'infilavo nell'atrio oscuro, sotto i portici, e coll'ascensore salivo di piano in piano fino al quinto che era l'ultimo. In fondo al lungo pianerottolo c'era la mia porta, il bottone del campanello a fianco e la targhetta col mio nome.

Ho abitato un paio d'anni lassù e vi ho visto tutte le quattro stagioni.

D'autunno, alle cinque prendevo il tè vicino alla finestra del salotto. D'estate il luogo più fresco era la cucina e vi passavo gran parte della giornata. Mentre mangiavo, verso l'una, dalle finestre vedevo i viali della periferia e le file dei ciclisti che andavano al lavoro nelle fabbriche. Alzando il capo nel bere, vedevo gli operai che pedalavano, tutti nella stessa direzione, e m'invadeva la malinconia del lavoro.

Di primavera uscivo sulle terrazze, che erano tre, di varia misura e orientate diversamente. Dalle terrazze guardavo dentro le finestre aperte della casa di fronte dove sempre c'era qualche donna in déshabillé o verso i colli, dove le ville sparivano un poco ogni giorno nel verde.

D'inverno l'appartamento era caldissimo e l'aria un po' secca. Leggevo, come nelle altre stagioni, e quando i rumori della strada mi distraevano scendevo sotto i portici. Se qualcuno che non mi aveva trovato in casa mi cercava nel caffè dove non ero in quel momento, i camerieri rispondevano che ci ero appena stato, ma che tra poco sarei tornato: «*L'è apena andai via, ma de chi a un mument el ribàt*».

Mi annoiavo, come mi sono sempre annoiato, moderatamente, senza disgustarmi, anzi quasi apposta per prolungare la vita. Infatti mi sembra che la mia vita duri da un secolo, e quando sto al caffè, in piazza, guardo la casa dove ho abitato tanti anni or sono come il luogo di un'altra vita di cui non resta più nulla in me.

Guardo spesso lassù. Ogni tanto qualcuno alza le tapparelle che salgono a strappi, come allora. A volte cadevano del tutto e mi restava nelle mani la cinghia. Erano una seccatura di quella casa. Sopra una delle terrazze hanno sistemato un giardinetto. Si vedono i tralicci di listelli verdi contro il muro e i fili tesi per le piante rampicanti: una cosa che a me non era mai venuta in mente.

Se mi offrissero di tornare a stare di casa lassù, rifiuterei. Mi sembrerebbe di tornare indietro nel tempo senza riacquistare nulla. Sono contento di essermene andato due strade più in là, in un altro appartamento che non era né meglio né peggio.

Avevo lasciato quella casa per andare in America. Ma poi, rinsavito in poco tempo, ho ritirato il passo da quella lunga strada che mi avrebbe portato a lavorare e a soffrire più lontano, e sono andato ad abitare in un altro palazzo, dietro la piazza di prima.

Dalle finestre della nuova casa non vedevo più né piazze né strade, nemmeno quelle lontane. Erano le finestre dell'ultimo piano, alte da terra, a lucernario. Bisognava salire su di un largo davanzale interno per vedere la città. E allora anche la città mi vedeva, se mi sporgevo, piccolo e solo contro il cielo.

Dentro, i mobili erano coperti di libri e di carte e le pareti interrotte da quadri listati da un filo scuro di cornice. Era, in fondo, sempre la stessa casa, ma orientata in altro modo, e con i soffitti molto più bassi, come li avevo sempre desiderati.

Anche là mi annoiavo forse più che nell'altra casa, ma dipendeva da me: erano passati molti anni. Non avevo nulla da fare e credevo che la mia vita fosse ormai compiuta. Ma non ero disgustato né del presente né del passato e ogni sera trovavo il coraggio di andare a dormire nel mio letto, di perdermi nel sonno. Ogni mattina, il coraggio di alzarmi e di uscire.

Andavo avanti nel tempo stando in quei locali, dove consumavo sedie, poltrone e oggetti vari che mi consumavano a loro volta e mi accompagnavano.

Ho lasciato quella casa un giorno d'inverno, nel gennaio del 1944, per farmi fuggiasco e profugo. Ne ero uscito al mattino senza immaginare che non vi sarei più rientrato se non due anni dopo, a guerra finita. La trovai come l'avevo lasciata, con i miei mobili e i miei libri tutti al loro posto. Vissi, in quel quartierino alto sopra la città come un *mirador*, gli inestimabili e inenarrabili anni dai trentatré ai quarantacinque. Ero solo, ma non privo di visite, diurne e notturne. Nelle lunghe notti d'inverno leggevo e fantasticavo, certe volte fino al sorgere della prima luce, quando vedevo, dalla mia finestra, il Monte Rosa accendersi e risplendere a metà della catena alpina, ancora immersa nel grigiore dell'alba. Lo vedevo sporgere, tra due palazzi, sopra la frangia di pini d'un parco.

In quella casa scrissi *Il piatto piange* che è la mia prima opera narrativa.

Ma venne il tempo, quasi venti anni or sono, di un altro cambiamento. Si trattava di andare a stare non più in una casa d'affitto, ma in una casa definitiva, di proprietà, del tutto nuova, anzi ancora in costruzione e suscettibile di quelle modifiche al disegno che ogni acquirente è lieto di apportare ai locali da lui scelti, convinto di migliorare e di personalizzare l'appartamento, ma riuscendo quasi sempre a rovinarlo o a immiserirlo.

Importava tuttavia, per la vita di scrittore che in quella casa avrei fatto, trovarvi una certa pace, un vasto paesaggio, del verde intorno.

È la casa, su due piani, dove ho lavorato e dove lavoro ancora, da mattina a sera. Dal piano superiore, che è una mansarda, vedo, come dal piano sottostante, tutta la catena alpina, dal Monviso al Sempione, col Monte Rosa nel mezzo. In primo piano il lago, poi le colline e i monti che fanno da piedestallo al nume indigete di Lombardia, bianco e roseo al mattino, sulfureo e azzurro come la fiamma dell'antracite sul mezzogiorno, violaceo nella sera, quando tutte le nubi del nostro emisfero corrono a incoronarlo di porpora e di fuoco.

Di casa in casa ho trascinato dietro di me gli anni, come un pazzerello o un bambino che si tira dietro, attaccati a una corda, barattoli e scatole vuote. Gli anni: gl'"irrevocabili anni / del caro viver mio", col loro rumore di cose infrante, di voci che si accavallano.

Ma la prima casa, quella che avrebbe dovuto essere l'unica, la casa di tutta la vita, resta il palazzotto sei o settecentesco di via Felice Cavallotti, dove Luino o meglio il mondo incomincia per chi viene dal lago, con la casa Zanella dalle inesplorate soffitte e dalle profonde cantine a livello del lago, dove sono rimaste care, tenaci ombre, che il vento traversa ma ancora non riesce a disperdere.

Nota

«Il mio paese» – uscito nel 1978 sul *Corriere della Sera* col titolo «Tutto accadde per quel paese» – fu ripubblicato col titolo attuale nell'almanacco luinese *La Rotonda* e successivamente inserito con lo stesso titolo nelle *40 storie* dell'83. L'anno e il luogo di prima pubblicazione degli altri racconti sono indicati qui di seguito.

«Così volava don Besta»: 1983, *Corriere della Sera*. «Nelle Montagne Rocciose»: 1978, *Notiziario della Banca Popolare di Sondrio*. «Quando cominciò il mercato di Luino»: 1981, *La Rotonda*. «Casa degli avi»: 1962, *Gazzetta del Popolo*. «Il freddo, nemico in cerca di prede»: 1985, *Corriere della Sera*. «Ortensio»: s.d., *La Prealpina*. «Il Maestro»: 1970, *Corriere della Sera*. «L'ignoto pioniere»: 1963, *Gazzetta del Popolo*. «Lo zio color amaranto»: s.d., *fonte non individuata*. «Le uova di Vasselowski e il violino di Kollet»: 1982, *La Rotonda*. «I ladri di Milano»: 1965, *Il Giorno*. «La povera Iride»: 1987, ediz. fuori commercio. «La 501 della Provvidenza»: s.d., *L'Automobile*. «I segreti d'un orologio»: 1974, *Corriere della Sera*. «Il profugo si scaldò nella casa di Dio»: 1985, *Corriere della Sera*. «1945: mezzi di fortuna»: 1952, *fonte non individuata*. «Apogeo e disintegrazione del Cavaliere»: 1957, *Gazzettino Sera*. «Il commendator Confortorio»: 1978, *Corriere della Sera*. «L'orefice»: 1964, *Gazzettino*. «La caduta di Cafasso»: 1964, *Gazzettino*. «L'"antenato" Calderón»: 1963, *Gazzetta del Popolo*. «Mi ha telefonato il Bonalumi»: 1982, mensile aziendale SIP. «L'*eragrostis* del signor Colombo»: 1978,

Grazia. «Com'è cambiato il caffè di provincia»: 1984, *Corriere della Sera*. «De profundis»: 1972, *Corriere della Sera*. «Era lui, tornato da chissà dove»: 1985, *Corriere della Sera*. «Il sopravvissuto»: 1986, *Corriere della Sera*. «Solitudine del narratore»: 1979, *Nuova Antologia*. «Di casa in casa, la vita»: 1984, *La Rotonda*.

Indice

5 *Prefazione: Statura di narratore*
  di Giovanni Tesio

19 *Introduzione: L'orologio del Finetti*
   di Carlo Fruttero e Franco Lucentini

DI CASA IN CASA, LA VITA

29 Il mio paese
37 Così volava don Besta
43 Nelle Montagne Rocciose
49 Quando cominciò il mercato di Luino
55 Casa degli avi
59 Il freddo, nemico in cerca di prede
65 Ortensio
73 Il Maestro
81 L'ignoto pioniere
85 Lo zio color amaranto
91 Le uova di Vasselowski e il violino di Kollet
97 I ladri di Milano
103 La povera Iride
113 La 501 della Provvidenza
115 I segreti d'un orologio
121 Il profugo si scaldò nella casa di Dio
127 1945: mezzi di fortuna
135 Apogeo e disintegrazione del Cavaliere

141 Il commendator Confortorio
147 L'orefice
153 La caduta di Cafasso
159 L'"antenato" Calderón
165 Mi ha telefonato il Bonalumi
173 L'*eragrostis* del signor Colombo
183 Com'è cambiato il caffè di provincia
189 De profundis
195 Era lui, tornato da chissà dove
199 Il sopravvissuto
203 Solitudine del narratore
211 Di casa in casa, la vita

219 *Nota*

33148
1991